Meditações

Dados Internacionais de Catalogação na Publicação (CIP)
(Câmara Brasileira do Livro, SP, Brasil)

Aurélio, Marco
  Meditações / Marco Aurélio ; tradução de Vinícius Chichurra. – Petrópolis, RJ : Vozes, 2023. – (Coleção Vozes de Bolso)

ISBN 978-65-5713-904-2

1. Filosofia I. Título II. Série.

23-157881　　　　　　　　　　　　　　　CDD-100

Índices para catálogo sistemático:
1. Filosofia 100

Tábata Alves da Silva – Bibliotecária – CRB-8/9253

Marco Aurélio

Meditações

Tradução de Vinícius Chichurra

Vozes de Bolso

Tradução do original em grego intitulado ΑΥΤΟΚΡΑΤΟΡΟΣ ΤΩΝ ΕΙΣ ΕΑΥΤΟΝ

© desta tradução:
2023, Editora Vozes Ltda.
Rua Frei Luís, 100
25689-900 Petrópolis, RJ
www.vozes.com.br
Brasil

Todos os direitos reservados. Nenhuma parte desta obra poderá ser reproduzida ou transmitida por qualquer forma e/ou quaisquer meios (eletrônico ou mecânico, incluindo fotocópia e gravação) ou arquivada em qualquer sistema ou banco de dados sem permissão escrita da editora.

CONSELHO EDITORIAL

Diretor
Volney J. Berkenbrock

Editores
Aline dos Santos Carneiro
Edrian Josué Pasini
Marilac Loraine Oleniki
Welder Lancieri Marchini

Conselheiros
Elói Dionísio Piva
Francisco Morás
Gilberto Gonçalves Garcia
Ludovico Garmus
Teobaldo Heidemann

Secretário executivo
Leonardo A.R.T. dos Santos

Diagramação: Raquel Nascimento
Revisão matricial: Lorena Delduca Herédias
Revisão gráfica: Anna Carolina Guimarães
Capa: Ygor Moretti

ISBN 978-65-5713-904-2

Este livro foi composto e impresso pela Editora Vozes Ltda.

Sumário

Livro I, 7
Livro II, 23
Livro III, 35
Livro IV, 50
Livro V, 73
Livro VI, 95
Livro VII, 118
Livro VIII, 141
Livro IX, 165
Livro X, 186
Livro XI, 208
Livro XII, 227

Livro I

1. De meu avô Verus, aprendi a boa moral e a ser calmo.

2. Da reputação e da memória obtidas por meu pai, aprendi a modéstia e o caráter viril.

3. De minha mãe, aprendi o respeito aos deuses, a generosidade e a abstenção não somente dos maus atos, mas também dos maus pensamentos; além disso, a simplicidade no modo de viver, bem distante dos hábitos dos ricos.

4. De meu bisavô, a não ter frequentado as escolas públicas e a ter usufruído de bons professores em casa; e a ter compreendido que, em tais questões, não se deve fazer economia de gastos.

5. De meu mentor, a não ter sido partidário nem dos Verdes, nem dos

Azuis[1], tampouco partidário dos Grandes-Escudos ou dos Pequenos-Escudos[2]; [dele também aprendi] a suportar as fatigas e a desejar pouco; também a trabalhar com meu próprio esforço, a não me intrometer na vida alheia e a não admitir a calúnia.

6. De Diogneto, aprendi a evitar as futilidades; e a desconfiar do que contam os milagreiros e feiticeiros sobre encantamentos e invocação de espíritos, e práticas semelhantes; também a não me dedicar à criação de codornas nem sentir paixão por tais coisas; a tolerar a liberdade de expressão; a familiarizar-me com a filosofia; a ter escutado primeiramente a Báquio, depois a Tandárido e Marciano; a ter escrito diálogos na infância; e a ter dado preferência à cama e às peles de animais, assim como todas as demais práticas vinculadas à formação helênica.

7. De Rústico, concebi a impressão de que meu caráter necessitava de direção e cuidado; com ele, aprendi a não me des-

---

1. Referente aos Jogos Circenses.
2. Referente às lutas de gladiadores.

viar para a emulação sofista, a não escrever tratados teóricos, a não recitar discursos de exortação e a não me autointitular uma pessoa voltada à vida espiritual ou filantrópica por pura exibição; aprendi também a me afastar da retórica, da poética e das belas frases; a não andar pela minha casa com as vestes da rua ou coisa semelhante. Também a escrever as cartas de maneira simples, como a carta que ele mesmo escreveu em Sinuessa para minha mãe; a estar disposto a tratar com respeito aqueles que nos ofenderam com palavras e nos incomodaram, e buscar a reconciliação com eles quando quiserem se retratar; além disso, aprendi a ler atentamente, sem dar-me por satisfeito com as considerações gerais de um livro, e a não ser convencido rapidamente por aqueles que falam excessivamente; por fim, aprendi com ele a ter contato com os discursos de Epicteto, os quais me foram entregues a partir de sua própria coleção.

8. De Apolônio, a liberdade de pensamento e a firme decisão; a não me atentar a nenhuma outra coisa que não seja a razão, nem por um momento sequer;

a ser sempre o mesmo: nas fortes dores, na perda de um filho ou nas enfermidades prolongadas; a ter visto claramente, sendo ele como um exemplo vivo, que a mesma pessoa pode ser muito rigorosa e, ao mesmo tempo, compassiva; a mostrar habilidade nos ensinamentos; nele, vi um homem que claramente considerava a experiência e a diligência ao transmitir as explicações teóricas como a menor de suas qualidades; também aprendi a como se deve aceitar os favores estimados dos amigos, sem me humilhar com agradecimentos exagerados nem rejeitá-los sem qualquer consideração.

9. De Sexto, a benevolência, o exemplo de uma casa governada de forma patriarcal, assim como a ideia de viver conforme a natureza; aprendi também a dignidade sem afetação; a atender as necessidades dos amigos com prontidão; a tolerar os ignorantes e aqueles que opinam sem refletir; ele obtinha a habilidade de adaptar-se a todo tipo de ambiente, de tal forma que conversar com ele era mais agradável do que qualquer elogio; e, ao mesmo tempo, todos os demais sentiam o máximo

respeito por ele; nele, ainda presenciei a capacidade de descobrir com método indutivo e ordenado os princípios necessários para uma boa vida; e aprendi a não dar nunca a impressão de raiva nem de nenhum outro sentimento forte, mas ser o menos afetado possível por eles e, ao mesmo tempo, ser o que mais profundamente ama a humanidade; por fim, aprendi a elogiar com discrição e a não ostentar o vasto conhecimento obtido.

10. De Alexandre, o Gramático, aprendi a controlar a crítica constante de faltas alheias; a não repreender com injúrias os que tenham proferido um barbarismo, erro de pronúncia ou som mal pronunciado, mas indicando com destreza o termo preciso que deveria ter sido usado; e a discutir, nesses casos, como forma de resposta, ou de ratificação ou de uma consideração, o próprio tema em si, mas não sobre como falar corretamente, ou por meio de qualquer outra sugestão ocasional que indique uma posição intelectual superior.

11. De Frontão, a me atentar como é a inveja, o fingimento e a hipocrisia

próprios de um tirano, e que geralmente aqueles que, entre nós, são chamados de "eupátridas" são, de certa forma, incapazes de afeto.

12. De Alexandre, o Platônico, a não dizer "estou ocupado" a alguém muitas vezes e sem necessidade ou escrever isso por carta; e a não negligenciar as obrigações que impõem as relações sociais, com a justificativa de ter muitas ocupações mais urgentes.

13. De Catulo, aprendi a não dar pouca importância às queixas de um amigo sobre mim, mesmo que sejam infundadas, mas tentar retornar ao convívio habitual; e a elogiar cordialmente os mestres, como faziam Domício e Atenodoto; também, a amar verdadeiramente meus filhos.

14. De meu irmão [por consideração] Severo, aprendi o amor à família, à verdade e à justiça; graças a ele, conheci Tráseas, Helvídio, Catão, Dião e Bruto; e a partir dele concebi a ideia de uma constituição baseada na igualdade perante a lei, regida pela equidade e pela liberdade de expressão igual para todos, assim como

uma realeza que honra e respeita, acima de tudo, a liberdade de seus súditos. Dele também aprendi a dedicação uniforme e constante pela filosofia; a beneficência e generosidade constante; o otimismo e a confiança na amizade dos amigos; nele, jamais vi nenhuma dissimulação para com os que mereciam sua censura, de modo que seus amigos não precisavam deduzir o que pensava ou o que não pensava de alguém, pois sempre estava claro para todos.

15. De Máximo, aprendi o domínio de mim mesmo e a não me afastar de meu próprio pensamento por nada; a ter bom humor em todas as circunstâncias, até mesmo nas enfermidades; a moderação de caráter, sendo doce, mas, ao mesmo tempo, respeitável; a execução, sem reclamar, das tarefas propostas; observei a confiança que todos tinham nele, porque suas palavras respondiam ao que realmente pensava, além de se suas ações procedidas sem má intenções; a não me surpreender nem a me espantar com nada; também a, em nenhum caso, agir mostrando precipitação ou lentidão, nem impotência, nem abatimento,

também a não rir a gargalhadas para ocultar alguma emoção, tampouco ter acessos de ira ou de receio. Com ele, aprendi também sobre a benevolência, o perdão e a sinceridade; a dar a impressão de ser um homem direito em sua conduta, mais do que alguém que precisou evoluir para chegar a esse nível. Observei, além disso, que ninguém se sentiu menosprezado por ele, nem suspeitou que ele mesmo se considerava superior aos demais; e, por fim, observei sua amabilidade.

16. De meu pai, aprendi o leve temperamento e a firmeza impassível nas decisões profundamente refletidas. A não me vangloriar com as honras aparentes; a amar o trabalho e a perseverança; a estar disposto a escutar aos que podiam contribuir de forma útil para a comunidade com qualquer ideia ou proposta. A recompensar, sem relutância, cada segundo seu próprio mérito. Também aprendi com ele, graças a sua experiência, a diferenciar quando é necessário um comportamento mais duro, e quando é preciso relaxar; e a saber colocar fim às relações amoro-

sas com os jovens. Nele, ainda observei a sociabilidade e a liberação de seus amigos da participação obrigatória de suas refeições e que não o acompanhassem, necessariamente, em suas viagens; além de permitir que viajassem momentaneamente, por alguma necessidade pessoal.

Com ele, obtive o hábito de examinar de forma minuciosa as deliberações, sem julgar um assunto apenas por suas primeiras impressões. O zelo ao manter as amizades, sem mostrar nunca desgosto nem louco sentimento para com elas. A autossuficiência em tudo e a serenidade. A previsão, com grande antecedência, da chegada de infortúnios e a regulação prévia dos mínimos detalhes. A repressão das aclamações e de toda adulação dirigida à sua pessoa. A atenção constante às necessidades do império. A administração dos recursos públicos e a tolerância à crítica em qualquer um desses assuntos.

Nunca teve temor supersticioso em relação aos deuses, nem disposição para comprar o favor dos homens com obras ou esmolas; pelo contrário, mostrava sobriedade e firmeza em tudo que fazia, com ausência absoluta de gostos mesquinhos e sem desejar ser inovador. Quanto ao uso dos bens que contribuem para uma vida cômoda e à fortuna, usufruía-os em abundância, sem orgulho e, ao mesmo tempo, sem dar satisfações, de tal forma que os acolhia com naturalidade, quando os possuía, mas não sentia necessidade deles quando lhe faltavam.

Ninguém nunca o considerou um sofista, vulgar ou pedante; pelo contrário, era tido por homem maduro, justo, inacessível à adulação, capaz de governar os assuntos próprios e alheios. Além disso, sempre honrou os que filosofam de verdade, sem ofender aos demais nem se deixar ser enganado por eles. Era um homem agradável e de bom humor, mas não em excesso. Sempre teve um cuidado moderado do próprio corpo, não como quem ama a aparência física, mas de maneira harmoniosa que, graças ao seu cuidado pessoal, em pouquíssimas ocasiões, teve necessidade de assistência médica e remédios. Estava, também, sempre disposto a recompensar, isento de inveja, os que possuíam alguma virtude como, por exemplo, a eloquência, o conhecimento da história, das leis, dos costumes ou de qualquer outro assunto; ajudava-os para que cada um conseguisse as honras na medida de seu próprio mérito.

Sempre procedeu em tudo segundo as tradições ancestrais, mas procurando não se vangloriar nem sequer disso. Além disso, não era inclinado a movimentar-se nem a viajar constantemente, mas gostava de permanecer nos mesmos lugares e ocupações. E, imediatamente após suas fortes crises de enxaqueca, retornava em plenas faculdades e se entregava às tarefas habituais.

Não tinha muitos segredos, eram muito poucos, raros e apenas sobre assuntos de interesse do império. Manifestava sua sagacidade e cautela nos gastos relativos à celebração de festas, construção de obras públicas, designações de espólios aos seus soldados e em outras coisas semelhantes, e tal atitude é própria de um governante que olha exclusivamente para o que deve ser feito, sem se preocupar com a aprovação popular em relação às obras realizadas.

Não tomava banhos fora do horário; não tinha amor à construção de casas, nem preocupação pelas comidas que comia; tampouco pelas texturas ou cores das vestes, ou ainda pela boa aparência de seus servos.

A vestimenta que usava procedia de sua casa de campo em Lório, e a maioria de suas vestes eram feitas da lã de Lanúvio. Tratava o cobrador de impostos em Túsculo da mesma maneira que os demais, pois todo o seu caráter era assim. Não foi nem cruel, nem agitado, nem violento, de maneira que jamais se pudesse falar "até o suor"[3] dele, mas calculava tudo com exatidão, como se lhe sobrasse tempo para tal, agindo sempre sem perturbação, sem desordem, com firmeza, consistentemente.

E poderia ser dito dele o que se dizia de Sócrates: que era capaz de abster-se e des-

---

3. Em grego ἕως ἱδρῶτος (*héōs hidrōtos*), dito que indicava a pessoa que mudava de temperamento em certos momentos. Aqui, "nunca perdia a serenidade de sua expressão".

frutar das coisas que a maioria dos homens sofre ao ser privada delas, enquanto seu desfrute excessivo faz com que as abandone. Ser forte e resistente na abstinência, e sóbrio no desfrute são propriedades de um homem que tem uma alma equilibrada e invencível, como demonstrou Máximo durante a enfermidade que lhe levou à morte.

17. Graças aos deuses, tive bons avós, bons pais, boa irmã, bons mestres, bons servos, bons parentes e amigos quase todos bons. Atribuo, ainda, aos deuses, o não me deixar levar facilmente a ofender nenhum deles, apesar de ter uma disposição natural para poder fazer algo semelhante, caso a ocasião tivesse sido apresentada. É um favor divino que não houve nenhuma circunstância que os fizessem me colocar à prova. Ademais, o não ter sido criado muito tempo pela concubina do meu avô; o ter conservado a flor da minha juventude e o não ter demonstrado, antes do tempo, minha virilidade, mas ter adiado até o momento certo; o ter estado submetido às ordens de um governante, meu pai, que tirou de mim todo orgulho

e me fez compreender que é possível viver no palácio sem a necessidade de guardas, de vestes suntuosas, de tochas, de estátuas e coisas semelhantes; sendo, portanto, possível ter um modo de vida muito próximo ao de um simples cidadão, e nem por isso ser mais desafortunado ou mais negligente no cumprimento dos deveres que a comunidade exige de nós.

Agradeço aos deuses, também, a sorte de ter tido um irmão capaz, por seu caráter moral, de despertar em mim o autocuidado e que, ao mesmo tempo, me nutriu com seu respeito e afeto; além disso, o não ter tido filhos anormais ou deformados; o não ter progredido muito na retórica, na poética e nas demais artes que, talvez, poderiam ter tomado meu tempo se percebesse que estava progredindo em um bom ritmo. O ter me antecipado a alcançar, sem demorar, o ponto de dignidade que meus mestres imaginavam para mim e que desejavam, com a esperança de que, já que era tão jovem, o faria na prática mais tarde.

Sou agradecido ainda por ter conhecido Apolônio, Rústico e Máximo.

O ter me mostrado claramente, e em diversas ocasiões, o que é a vida de acordo com a natureza, de maneira que, se dependesse dos deuses, de suas comunicações, de suas ajudas e de suas inspirações, nada me impedia de viver dessa maneira; e se continuo ainda longe desse ideal, é culpa minha por não observar os sinais divinos e ter dificuldade em compreender seus ensinamentos. Agradeço, aliás, a resistência do meu corpo por ter suportado esse meu estilo de vida durante muito tempo; o ter me afastado de Benedita e de Teódoto, e inclusive, mais tarde, apesar de ter caído nas paixões amorosas, ter me curado delas; o não ter ofendido, nunca, Rústico, apesar das frequentes disputas, do qual teria me arrependido; também agradeço por minha mãe, apesar de ter morrido jovem, ter vivido comigo nos últimos anos de sua vida.

Ademais, agradeço o fato de nunca me faltar recursos todas as vezes que quis socorrer um pobre ou necessitado; e da mesma forma, agradeço por eu mesmo não ter caído em uma necessidade semelhante para pedir ajuda alheia; por ter uma esposa tão obediente, tão carinhosa e tão simples; por ter provido facilmente, para meus filhos, mestres adequados; por ter sido revelado, por meio de sonhos, remédios, principalmente para não tossir sangue e para evitar náuseas, e também em Gaeta, em forma de oráculo.

Por fim, agradeço não ter caído nas mãos de um sofista quando me apaixonei pela filosofia, nem ter perdido meu tempo na análise de autores ou na resolução de silogismos, nem me ocupar demasiado com os fenômenos celestes, pois tudo isso "requer ajudas dos deuses e da boa fortuna".

Escrito às margens do Rio Grã, na terra dos Quados.

Livro II

1. Ao iniciar o dia, faça estas considerações para si mesmo: encontrarei com um intrometido, com um ingrato, com um insolente, com um mentiroso, com um invejoso e com um mal-humorado. Tudo isso lhes afeta por ignorância do bem e do mal. Contudo, eu, observando que a natureza do bem é o belo, e que a do mal é o vergonhoso, e que a natureza daqueles que incorrem no erro, que são meus parentes, não somente porque partilham do mesmo sangue ou do mesmo nascimento, mas também por participarem da mesma inteligência e origem divina, não posso temer dano de nenhum deles, pois nenhum me cobrirá de vergonha; nem posso me aborrecer com meu parente, muito menos odiá-lo, pois nascemos para colaborar mutuamente, como os pés, as mãos, as pálpebras, os dentes supe-

riores e inferiores. Assim, agir como adversários uns para com os outros é contrário à natureza, e manifestar indignação e repulsa é agir como adversário.

2. Afinal, isso é tudo o que sou: um pouco de carne, um sopro vital e a parte que dirige a alma. Abandone os livros! Não se distraia mais; não lhe é permitido. Mas, como se já estivesse próximo da morte, despreze a carne: sangue, ossos, uma rede de nervos, de pequenas veias e artérias. Veja também em que consiste a respiração: ar, e nem sempre o mesmo, pois em todo momento se expira e de novo se aspira. Em terceiro lugar, pois, é a parte que dirige a alma. Considere assim: você já é velho; não deixe que ela seja sua escrava por mais tempo, nem que siga ainda arrastando-se para lá e para cá por instintos egoístas, nem que maldiga o seu destino presente ou olhe com desconfiança seu futuro.

3. As obras dos deuses estão cheias de providência. As coisas que advêm da fortuna não estão separadas da natureza ou livres da trama e entrelaçamento das coisas governadas pela providência.

Dela, tudo flui; avançando para o que é necessário e conveniente ao conjunto do mundo, do qual você é parte. Para qualquer parte da natureza, é bom aquilo que surge da natureza como um todo e o que é capaz de preservá-la. Tanto as transformações dos elementos simples como as dos compostos formados por eles conservam o mundo. Que lhe sejam suficientes essas reflexões, que funcionem como princípios básicos. Livre-se de sua sede de livros, para não morrer amargurado, mas seja verdadeiramente amável e agradecido aos deuses.

4. Lembre-se há quanto tempo tem posto de lado tais reflexões e quantas vezes recebeu avisos prévios dos deuses sem aproveitá-los. É preciso que, a partir desse momento, você perceba de que mundo faz parte e de que governante universal você procede como emanação, e compreenderá que sua vida está definida em um período de tempo limitado. Caso não aproveite essa oportunidade para se acalmar, a vida passará, assim como você também passará, e não haverá mais outra.

5. Em todas as horas, preocupe-se constantemente, como romano e homem, em cumprir o dever que tem em mãos com precisão e de forma perfeita, com amor, liberdade e justiça, e procure tempo livre para libertar-se de todas as demais distrações. Conseguirá, assim, seu propósito, caso execute cada ação como se fosse a última da sua vida, desprovida de todo descuido, de toda aversão apaixonada que tenha lhe afastado do domínio da razão, e de toda hipocrisia, egoísmo e descontentamento no que se refere ao destino. Você já viu como são poucos os princípios que precisamos dominar para viver uma vida que flui de maneira favorável e de respeito aos deuses. Porque os deuses nada mais reclamarão a quem observa esses preceitos.

6. Você violenta a si mesma, ó alma minha, violenta a si mesma! E já não há mais ocasião para honrar a si mesma. A vida é breve para cada um. Você quase a consumiu sem respeitar a alma que lhe pertence, e, entretanto, torna a sua felicidade dependente à alma de outros.

7. E se acaso as coisas externas que entram em seu caminho o distraírem? Procure tempo livre para aprender algo bom e pare de ficar agitado. Deve, também, precaver-se de outros desvios. Porque deliram também, em meio a tantas ocupações, os que estão cansados de viver e não têm um objetivo ao qual dirigir todos os seus movimentos e, em uma palavra, todos os seus pensamentos.

8. Não é fácil ver um homem desacreditado por não ter investigado o que acontece na alma de outro. Porém, aqueles que não seguem com atenção os movimentos de sua própria alma, são necessariamente infelizes.

9. É preciso sempre ter em mente qual é a natureza do todo e qual é a minha, e como essa minha parte se comporta em relação ao todo e que parte pertence a que todo; ter em mente também que ninguém pode impedir de agir sempre e dizer o que é resultado da natureza, da qual você é parte.

10. De modo filosófico, Teofrasto fala, em sua comparação sobre as trans-

gressões, como costumam fazer tais comparações, que as transgressões cometidas pelo desejo são mais graves do que as cometidas pela raiva. Quando o homem está com raiva, parece desviar-se da razão com um certo tipo de dor e aperto no coração; mas quando a pessoa erra por conta do desejo, e depois é dominado pelo prazer, mostra-se mais fraco e menos viril em seus erros. Com razão, pois, e de maneira digna de um filósofo, Teofrasto disse que aquele que erra com prazer merece maior reprovação que aquele que erra com dor. De um modo geral, este último parece ser alguém que sofreu uma injustiça prévia e foi forçado a irar-se pela dor, enquanto no primeiro caso parece ser alguém que agiu errado porque assim desejou.

11. Em todas as suas ações, palavras e pensamentos, esteja ciente de que é possível que você se afaste da vida a qualquer momento. Deixar a raça humana não tem nada de temível, se caso os deuses existam; pois eles não o envolveriam em nada de ruim. E se caso eles não existam ou não se preocupam com os assuntos hu-

manos, para que viver em um mundo vazio de deuses e vazio de providência? Mas sim, os deuses existem e se preocupam com os assuntos humanos e criaram todos os meios a seu alcance para que os seres humanos nunca encontrem o que é verdadeiramente ruim. Quanto às outras coisas, se alguma delas fosse ruim, eles teriam tomado medidas também para garantir que o homem não caísse nela. Se algo não torna pior uma pessoa, como isso poderia tornar pior a sua vida? A natureza do todo não poderia ter negligenciado essas coisas, seja por ignorância ou, sabendo, porque foi incapaz de impedi-las ou corrigi-las. Tampouco poderia ter cometido um erro tão grande, seja por incapacidade ou por falta de habilidade, a ponto de permitir que coisas boas e ruins acontecessem a pessoas boas e más sem discriminação. Todavia, de fato, morte e vida, glória e infâmia, dor e prazer, riqueza e pobreza, todas essas coisas acontecem tanto para pessoas boas quanto para pessoas más, pois elas não são nem belas nem feias, portanto, não são boas nem ruins.

12. Como, em um instante, tudo desaparece! No mundo, os próprios corpos, no tempo, suas memórias; como tudo que percebemos é sensível, especialmente o que nos seduz pelo prazer ou nos assusta pela dor ou o que nos faz celebrar por orgulho! Como tudo é vil, desprezível, sujo, perecível e morto! O poder da mente deve considerar tudo isso. Além disso, o que são essas pessoas cujas opiniões e palavras procuram uma boa fama? O que é a morte? Se a vermos isoladamente e analisarmos seu conceito para dissolver as falsas impressões que a cercam, perceberemos que não é outra coisa senão obra da natureza. E se alguém teme a ação da natureza, é uma infantilidade. A morte, porém, não é apenas uma ação de natureza, mas também uma ação benéfica para ela. E como um homem faz contato com um deus? E com qual parte dele mesmo? E quando essa parte da pessoa está em tal condição?

13. Nada mais infeliz do que o homem que anda em círculo em todas as coisas e que procura respostas nas "profundezas da terra", como dizem, e que busca,

mediante indícios, o que se passa na mente de seus vizinhos, mas não percebe que é necessário, apenas, manter a única divindade que habita seu interior e ser seu verdadeiro servo. Esse serviço que se deve a essa divindade consiste em preservá-la pura da paixão, da falta de reflexões e do desgosto contra o que procede dos deuses e dos homens. Pois, o que vem dos deuses é respeitável por excelência, mas o que vem dos homens nos é caro porque são nossos parentes e, às vezes, de certa forma, merece nossa piedade por sua ignorância do que é bom e ruim; isso não é menos uma cegueira do que a incapacidade de distinguir o preto do branco.

14. Mesmo se você fosse viver por três mil anos ou dez vezes mais, lembre-se, ainda assim, de que ninguém perde outra vida além da que está vivendo agora, nem vive outra vida além da que perde. Portanto, o mais longo e o mais curto equivalem à mesma coisa. O presente, de fato, é igual para todos e, portanto, o que está passando também é igual e o que está sendo perdido acaba sendo um mero instante. Assim,

ninguém pode perder o passado ou o futuro. Como alguém pode perder o que não se tem? Tenha sempre em mente essas duas coisas: primeiro, que tudo é igual, desde sempre, e se repete em círculos, e que não faz diferença se você verá as mesmas coisas por cem anos ou dois mil ou por tempo indefinido; segundo, que tanto o que vive mais tempo quanto o que morre mais cedo perdem a mesma quantia. O momento presente é a única coisa de que alguém pode ser privado, posto que é a única coisa que se possui, e não se pode perder o que não se possui.

15. "Tudo é opinião". Essa réplica ao cínico Mônimo é bastante clara; mas a utilidade do ditado também é clara, se aceitarmos o significado central, na medida em que é verdadeiro.

16. A alma do homem violenta a si mesma, principalmente, quando, no que dela depende, torna-se uma consequência e uma espécie de tumor no mundo. Porque incomodar-se com algum acontecimento é se distanciar da natureza, que abriga a natureza de outras coisas. Novamente,

nossa alma também se violenta quando sente aversão a qualquer pessoa ou se move contra ela com intenção de prejudicá-la, como é o caso dos que se deixam levar pela ira. Em terceiro lugar, violenta-se quando é derrotada pelo prazer e pela dor. Em quarto lugar, quando é hipócrita e faz ou diz algo com pretensão ou falsidade. Em quinto lugar, quando deixa de direcionar qualquer atividade ou motivo para qualquer objetivo, mas age de maneira aleatória ou inconsciente e dedica-se a qualquer tarefa que, inclusive as mais insignificantes, deveriam ser realizadas considerando-se sua finalidade. A finalidade dos seres racionais é seguir a razão, a lei da cidade e a constituição mais antiga.

17. Na vida humana, o tempo é um instante, a existência é um fluxo, a percepção é obscura, a composição do corpo como um todo está sujeita à decadência, a mente é um redemoinho, a felicidade é imprevisível, a fama é indecifrável. Em poucas palavras: tudo que pertence ao corpo é um rio, e tudo que pertence à alma é um sonho e uma ilusão; a vida é uma guerra e

uma breve estadia em terra estrangeira, e a fama após a morte é esquecimento. O que, então, pode nos guiar em nosso caminho? Uma coisa e apenas uma coisa: a filosofia. Ela consiste em manter o espírito guardião dentro de nós isento de ultrajes e ileso, dono do prazer e da dor, sem fazer nada por acaso e nada com falsidade ou hipocrisia, não precisando que alguém faça ou não faça algo. Além disso, aceitando o que acontece e o que lhe é atribuído como proveniente da fonte de onde ele próprio veio; e sobretudo, esperando a morte com pensamento confiante, pois ela nada mais é do que a dissolução dos elementos que compõem todo ser vivo. Se para os próprios elementos não há nada a temer em sua contínua mudança de um para outro, por que deveríamos temer a mudança e a dissolução de todas as coisas? Isso está de acordo com a natureza, e nada de ruim pode estar de acordo com a natureza.

Escrito em Carnuntum.

Livro III

1. Devemos não apenas considerar o fato de que, dia a dia, nossa vida está sendo gasta e uma quantidade menor dela permanece, mas também considerar que, se prolongarmos mais nossa existência, não é claro que nossas faculdades mentais permanecerão as mesmas e serão adequadas para a compreensão dos assuntos e da reflexão teórica que tende ao nosso conhecimento das questões divinas e humanas. Se começarmos a caducar, coisas como a respiração, a digestão, a percepção sensorial e a motivação não se esgotarão. Contudo, o fazer uso adequado de si mesmo e determinar com precisão a medida do que é apropriado e especificar o conteúdo das aparências, e o refletir efetivamente sobre se agora é a hora de abandonar essa vida, e outras questões que precisam de um exercício exaustivo da razão, tudo isso se extinguirá antes. Devemos, pois, seguir

em frente, não apenas porque estamos nos aproximando da morte a cada momento, mas porque nossa compreensão das coisas e a capacidade de dar-lhes muita atenção chegará ao fim antes de morrermos.

2. Devemos, também, estar atentos que mesmo as mudanças das coisas naturais têm certo charme e atratividade. Por exemplo, quando o pão está sendo assado, ele se abre aqui e ali, e essas mesmas aberturas, embora mostrem, em certo sentido, o fracasso da arte do padeiro, chamam a atenção e, de sua maneira especial, estimulam nosso apetite pela comida. Assim também são os figos que, quando completamente maduros, se abrem. Além disso, nas azeitonas que estão prestes a cair, a própria proximidade da decomposição confere uma certa beleza especial ao fruto. Igualmente as espigas de milho que se curvam para a terra, e o pelo do leão, a espuma escorrendo da boca do javali, e muitas outras coisas estão longe de serem belas se as vemos isoladamente, mas o fato de serem resultados de processos naturais confere-lhes um aspecto belo e atrai-nos para eles. Assim, para

alguém com sensibilidade e uma visão mais profunda do funcionamento do todo, não há quase nada que deixe de se apresentar com prazer, mesmo entre as coisas que acontecem como consequências acidentais. Essa pessoa olhará para as verdadeiras mandíbulas ameaçadoras de animais selvagens com menos prazer de quando olha as representações realizadas por pintores e escultores. Essa pessoa também será capaz de ver em uma mulher velha ou em um homem velho uma certa plenitude e maturidade, e ela olhará para o encanto amável presente nas crianças. Existem muitos outros exemplos que não parecerão persuasivos a todos, mas apenas a alguém que genuinamente se familiarizou com a natureza e as suas obras.

3. Hipócrates, depois de ter curado muitos doentes, adoeceu também e morreu. Os astrólogos caldeus previram a morte de muitos, e também o destino os levou. Alexandre, Pompeu e Caio César, depois de terem destruído, tantas vezes, cidades inteiras e de terem massacrado, em ordem de combate, numerosos cavaleiros e soldados, também acabaram por perder a

vida. Heráclito, depois de especular tanto sobre o mundo sendo destruído pelo fogo, acabou morrendo com as entranhas cheias de água e coberto de excrementos de vaca. Demócrito foi morto por vermes. Vermes também, mas diferentes, mataram Sócrates. O que tudo isso significa? Você embarca, atravessa mares, chega à terra e desembarca. Se for para entrar em outra vida, tampouco ali deverá estar vazia de deuses, assim como aqui não é. Se for para chegar à inconsciência, você não estará mais sujeito a dores e prazeres, e não será mais o servo de um vaso tão inferior em valor quanto aquele que o serve é superior. Um é a mente e a divindade, o outro é a terra e o sangue.

4. Não desperdice o resto de sua vida pensando em outras pessoas, a menos que esteja fazendo isso com referência ao bem comum; porque certamente está se privando de outra tarefa. Ao pensar sobre o que essa e aquela pessoa está fazendo, por que e o que ela está dizendo, pensando, planejando e todas essas coisas fazem você se desviar de cuidar de seu próprio guia

interior. Portanto, você deve excluir de seus pensamentos o que é aleatório e sem sentido e, acima de tudo, tudo o que interfere e é malicioso. Você deve acostumar-se apenas a pensar o tipo de pensamentos sobre os quais, se alguém de repente lhe perguntasse "o que você está pensando agora?", com franqueza pudesse responder imediatamente "nisso e aquilo", deixando claro que todos os seus pensamentos são diretos e gentis e expressam o caráter de um ser isento de toda cobiça, inveja, receio ou qualquer outro tipo de emoção, da qual pudesse envergonhar-se ao reconhecer que a possui em teu pensamento. Um homem assim, que não demora em situar-se aos melhores, é uma espécie de sacerdote e servo dos deuses. Ele usa o que está dentro dele, que permite que a pessoa como um todo não seja manchada pelos prazeres, invulnerável a toda dor, intocado por todo impulso violento, não deixa formar nenhum pensamento de maldade, transforma-o em um lutador na maior das competições – a de evitar ser derrubado por qualquer emoção. Ele também está impregnado de justiça até as profundezas, acolhendo de todo o coração tudo o que acontece e é destinado a ele, e só raramente, e somente quando há alguma grande necessidade para o bem comum, ele cogita o que outra pessoa está dizendo, fazendo ou pensando. Ele dá sua única atenção a como ele pode realizar suas próprias atividades, e pensa sem cessar no que lhe pertence, o que foi alinhado ao todo; enquanto, por um lado, cumpre o seu dever, por outro, está convencido de que é bom. O destino atribuído a cada um de nós é carregado conosco e nos carrega. Ele lembra também que todas as criaturas racionais possuem parentesco e que, embora seja de acordo com a natureza humana cuidar de todos os seres humanos, ele não deve considerar as opiniões de todos eles, mas apenas daqueles que vivem de acordo com a natureza. Ele se lembra constantemente do caráter daqueles que não vivem dessa maneira, como são em casa e fora de casa, e com quem convivem de noite e de dia. Consequentemente, ele não considera o elogio de tais pessoas que nem mesmo se satisfazem consigo mesmas.

5. Ao realizar ações, não faça de forma involuntária ou insociável ou sem reflexão ou com motivos conflitantes; não mascare seus pensamentos com linguagem elegante; não seja exageradamente eloquente ou um intrometido. Deixe o deus que habita em você ser o protetor e guia de um homem que é venerável, cidadão, romano e um governante que assumiu seu posto, esperando o sinal para deixar a vida e pronto para ser libertado, sem a necessidade de um juramento ou de outra pessoa como testemunha. Mantenha uma alegria interior e que não precise de ajuda externa ou da tranquilidade que os outros procuram. Assim, você deve manter-se de pé, não ser colocado de pé.

6. Se você encontrar alguma coisa na vida humana superior à justiça, à verdade, ao autocontrole, à coragem – em suma, do que a inteligência de sua mente, tanto nas ações que ela lhe permite realizar de acordo com a razão correta quanto nos acontecimentos que são atribuídos pelo destino sem sua escolha –, se, como eu disse, você pode ver algo melhor do que isso,

volte-se para ele com toda a sua alma e desfrute do bem supremo que você encontrou. Se nada melhor for revelado do que o espírito guardião que habita em você, que subordinou a si mesmo todos os seus motivos, e vigia seus pensamentos e, como Sócrates costumava dizer, se desapegou de todas as paixões sensuais e se subordinou aos deuses e que cuida de outras pessoas – se você achar que todas as outras coisas são triviais e sem valor em comparação com isso, não dê lugar a mais nada, pois, uma vez que você se volta para isso e se desvia de seu próprio caminho, você não poderá mais, sem conflito interior, dar a mais alta honra ao que é propriamente bom. Não é correto opor ao bem racional e social algo estranho à sua natureza, como, por exemplo, o elogio de muitos, ou posições de poder, ou riqueza ou gozo de prazeres. Tudo isso, mesmo que pareça se adequar à nossa natureza por um tempo, de repente toma o controle de nós e nos desvia. Portanto, como eu disse, escolha simples e livremente o que é melhor e mantenha-se nisso. "Mas o que é melhor é o que me beneficia": se isso beneficia você como um ser racional, então mantenha isso. Mas se o fizer como um animal irracional, rejeite-o e mantenha sua decisão sem orgulho. Cuide apenas para que seu exame seja conduzido com segurança.

7. Nunca estime como benéfico para si mesmo algo que um dia o forçará a quebrar sua palavra, a abandonar seu senso de pudor, a odiar alguém, a suspeitar ou a xingar outra pessoa, a fingir ou a desejar algo que precise do sigilo de paredes ou cortinas. Aquele que escolheu valorizar acima de tudo sua própria mente, seu espírito guardião e a adoração da virtude de sua mente não faz drama de sua vida, não se lamenta e não precisará de isolamento ou de aglomeração de pessoas; acima de tudo: ele não viverá nem perseguindo nem fugindo. Tal pessoa não se importa de forma alguma se ela terá sua alma encerrada por seu corpo por um tempo maior ou menor; mesmo que ela precise sair imediatamente, ela vai embora tão prontamente como se estivesse realizando qualquer uma das outras ações que podem ser feitas

de maneira decente e ordenada, cuidando apenas disso ao longo de sua vida, que sua mente nunca deve estar em um estado alheio ao de um ser racional e social.

8. Na mente de alguém que foi disciplinado e completamente purificado, não seria encontrado nenhum pus ou abscesso ou ferida purulenta. Nem o destino o arrebata com sua vida incompleta, de modo que se poderia dizer que o ator está deixando o palco antes de ter finalizado seu papel e concluído a peça. Além disso, não seria encontrado nada que seja servil ou pretensioso, nada que seja dependente ou separado de outras pessoas, nada que precise de investigação ou esconderijo.

9. Reverencie sua capacidade intelectual. Tudo depende dela para garantir que não surja mais em seu guia interior um julgamento que não siga a natureza e a constituição de um ser racional. É isso que promete liberdade de precipitação, familiaridade com os homens e um modo de vida em conformidade com os deuses.

10. Abandone, pois, todo o resto, apegue-se apenas a essas poucas coisas e

tenha em mente que cada um de nós vive apenas no presente, neste breve momento de tempo; o resto da nossa vida já foi vivida ou está no futuro incerto. A vida de cada um de nós é pequena e pequeno é o canto da terra onde ela é vivida; pequena também é a fama após a morte, e ela depende de uma sucessão de pequenos seres humanos que logo morrerão e que nem sequer conhecem a si mesmos, nem tampouco ao que morreu há tempos.

11. Aos conselhos mencionados anteriores, mais um deve ser acrescentado: sempre faça uma definição ou delimitação de tudo o que se apresenta à sua mente, para que você possa ver claramente que tipo de coisa é, em sua essência, nua, como um todo e em todas as suas partes, e designe com seu nome preciso, e o nome dos elementos dos quais ela foi composta e nos quais ela será dissolvida. Nada é tão eficaz em criar grandeza de espírito como ser capaz de examinar metodicamente e com verdade tudo o que se apresenta na vida, e sempre ver as coisas de forma a considerar que tipo de função essa coisa particular contribui

para o todo e que valor tem para o todo e para os seres humanos que são cidadãos da cidade mais eminente, da qual outras cidades são, por assim dizer, como meras casas; o que é, e de que elementos é composto e por quanto tempo na natureza das coisas persistirá, e que virtude é necessária para responder a ele, como mansidão, coragem, veracidade, fidelidade, simplicidade, autossuficiência, e assim por diante. Então, em cada caso, você deve dizer: "isso veio de um deus" ou "isso se dá do encadeamento e entrelaçamento dos fios do destino e tipos semelhantes de coincidência e acaso". Isso procede de um ser de minha espécie, de um parente, de um companheiro que não sabe o que é natural para ele. Mas eu sei e por isso o trato com bondade e justiça de acordo com a lei natural do companheirismo, embora visando, ao mesmo tempo, o que ele merece em relação às coisas que são moralmente neutras.

12. Se você realizar a presente ação seguindo justa razão, com determinação, vigor e benevolência, e sem nenhuma preocupação alheia, mas mantendo

seu espírito guardião puro, como se você pudesse precisar restituí-lo a qualquer momento; se você se apegar a isso, esperando por nada e fugindo de nada, mas está satisfeito que sua ação atual está de acordo com a natureza e que o que você diz e pronuncia está de acordo com a verdade heroica, você levará uma boa vida. Não há ninguém que possa impedir isso.

13. Assim como os médicos têm sempre à mão seus instrumentos para atender qualquer caso urgente, você deve manter seus princípios fundamentais para compreender os assuntos divinos e humanos, e assim realizar cada ação, mesmo a mais trivial, lembrando o vínculo entre os dois campos; você não terá sucesso em nenhuma ação humana sem relacioná-la ao divino, nem tampouco o inverso.

14. Não fique mais divagando. Você provavelmente não lerá essas suas memórias ou seus relatos dos feitos dos antigos romanos e gregos, ou suas seleções de escritos, que você reservou para sua velhice. Apresse-se, então, para o seu objetivo final e, renunciando as esperanças vazias,

salve-se, se você tiver alguma preocupação por si mesmo, enquanto ainda lhe é possível.

15. Eles não sabem o que significam termos como roubar, semear, comprar, descansar ou ver o que precisa ser feito. Esses conceitos não são vistos pelos olhos, mas por um tipo diferente de visão.

16. Corpo, alma, mente. Ao corpo pertencem as percepções; à alma, os instintos; à mente, os julgamentos. O recebimento de impressões por meio de imagens é próprio também dos animais domesticados; ser puxado para um lado e para o outro como um fantoche é compartilhado com animais selvagens, andróginos, Falaris e Neros; ter a mente como nosso guia para o que parece apropriado é compartilhado com aqueles que não acreditam nos deuses, que traem sua pátria e que agem a seu prazer a portas fechadas. Portanto, se as outras coisas são compartilhadas com as classes de pessoas que acabamos de mencionar, resta a característica especial do homem bom, a saber, amar e saudar tudo o que acontece e o que seu destino define para

ele, e não poluir o espírito guardião que tem morada dentro de seu peito nem o perturbar com uma massa de impressões, mas mantê-lo em estado sereno, seguindo o divino de maneira ordenada, sem dizer nada contrário à verdade ou fazer qualquer coisa contrária à justiça. Se todos os outros se recusam a acreditar que estão vivendo uma vida simples, decente e alegre, ele não se zanga com nenhum deles nem se desvia do caminho que leva ao fim de sua vida, objetivo ao qual deve chegar o mais rápido possível, puro, tranquilo, livre, sem violências e em harmonia com seu próprio destino.

Livro IV

1. O guia dominante dentro de nós, quando está de acordo com a natureza, assume uma postura em relação aos acontecimentos que lhe permite sempre adaptar-se facilmente ao que lhe é apresentado. Não tem predileção por nada predeterminado, mas visa atingir seus objetivos com reservas. Como o fogo, quando se depara com um obstáculo, converte-o em material para si, quando domina as coisas que nele caem. Uma pequena tocha teria sido extinguida por eles, mas um fogo ardente rapidamente se apropria das coisas lançadas nele e as consome totalmente e usa essas mesmas coisas para crescer ainda mais.

2. Nenhuma ação deve ser empreendida ao acaso, ou de outra forma que não esteja de acordo com um dos princípios que aperfeiçoam a arte de viver.

3. As pessoas procuram retiros para si, no campo, na costa ou nas colinas; e você também tem o costume de desejar esses retiros. Mas isso é totalmente vulgar, pois é possível que você tenha um retiro em si mesmo a qualquer momento que desejar. Não há lugar em que uma pessoa possa encontrar um retiro mais pacífico e livre de problemas do que em sua própria alma, sobretudo se ela tiver dentro de si o tipo de pensamentos que a deixe mergulhar neles e, assim, imediatamente ganhar total tranquilidade mental; e por tranquilidade quero dizer ter a própria mente em ordem. Portanto, dê a si mesmo constantemente este retiro e renove-se. Você deve ter em mãos princípios concisos e fundamentais, que serão suficientes, assim que os encontrar, para purificá-lo de toda aflição e enviá-lo de volta sem ressentimentos àquelas coisas da vida das quais faz retiro. Com o que você se aborrece? Maldade humana? Lembre-se do princípio de que todos os animais racionais nasceram para o bem uns dos outros, que a tolerância é parte da justiça e que as pessoas erram sem

querer, e pense em quantas pessoas até agora passaram suas vidas em inimizade, suspeita, ódio, feridos por lança, e reduzido a cinzas. E pare de se ressentir disso. Ou você se aborrece com o que lhe é atribuído do todo? Então, lembre-se do dilema: "se não há uma providência, então só há os átomos" e os argumentos que provam que o mundo é uma espécie de cidade. Se preocupa com as coisas corporais? Reconsidere que, quando a mente se apodera de si mesma e reconhece seu próprio poder, ela não mais se associa aos movimentos, ásperos ou suaves da respiração; e, finalmente, pense no que você ouviu e concordou em relação à dor e ao prazer. Acaso o desejo trivial pela fama o distrairá? Tenha em vista a rapidez com que tudo é esquecido e o abismo do tempo infinito no passado e no futuro, a veracidade do eco, inconstância e falta de julgamento daqueles que parecem elogiar você, e a amargura do lugar em que esta fama está confinada. A terra inteira é um mero ponto, e quão pequena parte dela é este canto em que temos nossa casa?

E ali, quantas e que tipo de pessoas

vão cantar seus louvores? Considere, então, retirar-se para este pequeno refúgio em si mesmo e, acima de tudo, não se atormente nem se esforce em demasia, mas mantenha sua liberdade e veja as coisas como um homem, um ser humano, um cidadão, um ser mortal. Entre as máximas mais prontamente disponíveis nos quais você deve mergulhar, duas devem ser incluídas: primeira, que as coisas em si não afetam a alma, mas se encontram fora dela, e que todas as perturbações derivam apenas do julgamento interior; segunda, que todas essas coisas que você vê mudarão em pouco tempo e, então, deixarão de existir. Reflita, também, continuamente, sobre quantas mudanças você mesmo experimentou. O mundo é uma constante transformação; e a vida, opinião.

4. Se a inteligência nos é comum, a razão também é, o que nos torna seres racionais. Isso posto, a razão que nos diz o que fazer ou não é também comum a todos nós. Nesse caso, a lei também é comum; sendo assim, somos concidadãos. Se assim for, compartilhamos uma constituição;

e se isso é assim, o mundo é uma espécie de cidade; pois em que outra constituição comum alguém dirá que participa toda a espécie humana? É daqui, desta cidade comum que derivamos a própria inteligência, a razão e a lei. Ou de onde mais? Assim como a parte terrena de mim foi derivada de algum tipo de terra, a parte úmida de outro elemento, a parte respiratória de alguma fonte, e a parte quente e ardente de outra fonte específica (já que nada vem do nada, assim como nada retorna ao nada), então nossa inteligência também vem de algum lugar.

5. A morte, assim como o nascimento, é um mistério da natureza; uma é a combinação e a outra, a dissolução dos mesmos elementos. Em suma, nada acontece nela pelo qual alguém pudesse se envergonhar; a morte não é contrária nem ao que convém a um ser inteligente nem ao princípio de sua constituição.

6. É natural que essas coisas sejam produzidas necessariamente a partir de tais pessoas, e quem não quer que assim seja, não quer que a figueira produza seu

suco. De qualquer forma, lembre-se de que, em pouquíssimo tempo, você e ele estarão mortos e, logo depois, nem seus nomes permanecerão.

7. Livre-se da opinião, e você se livrará do pensamento "fui prejudicado"; livre-se da ideia do "fui prejudicado", e você se livrará do próprio mal.

8. O que não torna uma pessoa pior em si mesma, tampouco piora sua vida; não a prejudica por fora nem por dentro.

9. A natureza do útil está obrigada a produzir utilidade.

10. "Tudo o que acontece, acontece com justiça". Se você olhar de perto, descobrirá que é verdade. Não me refiro simplesmente à sequência de causa e efeito, mas também segundo o justo, e como se as coisas fossem atribuídas por alguém de acordo com o mérito. Então, continue a olhar de perto, observando como ao princípio, e faça o que fizer com o desejo de ser uma boa pessoa, no sentido específico que você entendeu do que significa ser uma boa pessoa. Agarre-se a isso em tudo que fizer.

11. Não considere as coisas como julga aquele que lhe faz mal ou como quer que você as julgue, mas veja como elas realmente são.

12. Você deve estar sempre pronto para aplicar esses dois princípios: o primeiro é apenas para fazer aquelas coisas que a razão de tua faculdade real e legislativa propõe para o benefício da humanidade; o segundo é mudar de atitude caso alguém apareça para corrigi-lo e o faça desistir de alguma das suas opiniões. Contudo, esse redirecionamento de opinião deve sempre se basear em uma convicção sobre o que é justo ou interessante para o bem comum; e sua preferência deve ser baseada por motivos semelhantes e não porque parece agradável ou popular.

13. – Você tem razão?

– Sim, tenho.

– Por que, então, não a utiliza? Se isso funcionar, o que mais você quer?

14. Você existe como parte. Você desaparecerá novamente naquilo que lhe deu nascimento; ou melhor, você será

recebido de volta em sua razão geradora por um processo de mudança.

15. Muitos grãos de incenso encontram-se sobre o altar; um cai primeiro, outro depois, mas isso não faz diferença.

16. Dentro de dez dias, você parecerá um deus para as mesmas pessoas que agora o vê como um animal selvagem e um bruto, se você voltar aos seus princípios e à veneração da razão.

17. Não aja como se fosse viver mil anos. O inevitável está pairando sobre você; enquanto você vive, enquanto ainda é possível, torne-se uma boa pessoa.

18. Quanto tempo livre uma pessoa ganha quando não olha para o que seu próximo disse, fez ou pensou, mas apenas para o que ela mesma faz, para garantir que sua ação seja justa, sagrada ou compatível com o que uma pessoa boa faz. Não olhe em volta para a escuridão, mas corra direto para a linha de chegada, sem se desviar.

19. A pessoa que está toda empolgada com sua fama póstuma não imagina que cada um daqueles que se lembram dele muito em breve estará morto;

depois, novamente, morrerá o que lhe sucedeu, até que toda a memória se extinga ao passar por uma fila de pessoas que são acesas e depois apagadas. Mas, suponha que aqueles que vão se lembrar de você sejam imortais, assim como suas memórias – em que isso o afeta? Não quero dizer, em absoluto, que isso não é nada para os mortos; mas o que é o elogio para os vivos, exceto algo para alcançar algum propósito prático? Abandone, pois, essa dádiva da natureza e pare de se apegar ao que outra pessoa diz.

20. Além disso, tudo o que é belo de alguma forma é belo em si e completo em si mesmo, e o elogio não faz parte disso; de qualquer forma, nada torna-se pior ou melhor por ser elogiado. Isso se aplica mesmo ao que é comumente chamado de belo, como objetos materiais ou obras de arte; e o que é realmente belo de que você precisa? Certamente nada além da lei, da verdade, da bondade ou do respeito próprio. Qual dessas coisas é bela porque é elogiada ou prejudicada por ser criticada? Uma esmeralda fica pior se não for elogiada?

E o ouro, o marfim, a púrpura, a lira, a espada, a flor ou o arbusto?

21. Se as almas continuam existindo, como o ar tem espaço para elas desde a eternidade? Como a terra tem espaço para os corpos daqueles enterrados ao longo desse vasto período de tempo? Assim como na terra, a mudança e a decomposição desses corpos abrem espaço para outros cadáveres, assim acontece com as almas no ar. Elas transportam sua existência ao ar, ali permanecem por um certo período de tempo, e então mudam, se dissolvem e se inflamam à medida que são recebidas de volta ao princípio gerador do todo. Dessa forma, elas abrem espaço para as outras almas que se instalam ali logo em seguida. Isto é o que você pode responder, na suposição de que as almas continuam a existir. Mas convém considerar não apenas os muitos corpos que são enterrados dessa maneira, mas também os corpos dos animais comidos todos os dias por nós e outros animais. Quão grande número é consumido e, portanto, em certo sentido, enterrado nos corpos daqueles que

se alimentam deles? Ainda assim, há espaço para eles porque são transformados em sangue ou transformados em ar ou fogo. Como podemos, nesse caso, investigar a verdade? Fazendo uma distinção entre a causa material e a formal.

22. Não vagueie em sua mente, mas em cada motivo, dê a resposta justa e, com cada impressão, mantenha sua capacidade de bom senso.

23. Tudo é harmonioso para mim que é harmonioso para você, ó mundo! Nada é muito cedo ou muito tarde que convém ao seu tempo. É fruto para mim tudo o que suas estações produzem, ó natureza! Tudo vem de você, tudo é inerente a você, tudo retorna a você. O poeta diz: "Ó, querida cidade de Cecrops!", e você não dirá: "Ó, querida cidade de Zeus!"?

24. "Faça um pequeno número de coisas", disse alguém, "se você quiser manter o bom humor". Não seria melhor fazer o que é necessário e o que a razão de um ser naturalmente político exige e da maneira que o exige? Isso traz não apenas o contentamento que vem de agir corre-

tamente, mas também o que vem de fazer um pequeno número de coisas. A maior parte das coisas que dizemos e fazemos não é necessária, e se você se livrar disso, terá mais lazer e ficará mais tranquilo. Então você deve se lembrar em cada ocasião: "certamente, isso não é uma das coisas que são necessárias". E você não deve apenas se livrar de atividades desnecessárias, mas também de impressões; dessa forma, atividades redundantes não surgirão.

25. Experimente como a vida de uma pessoa boa combina com você; alguém que se contenta com a parte do todo que lhe cabe e satisfeito com sua própria ação justa e boa disposição.

26. Você viu essas coisas; agora olhe para estas: não se perturbe, mostre-se simples. Alguém está fazendo algo errado? Ele comete um erro consigo mesmo. Alguma coisa aconteceu com você? Está bem. Tudo o que acontece foi predestinado pelo todo desde o princípio e estava tramado. Para resumir: a vida é curta; você deve aproveitar o presente, com bom juízo e justiça. Mantenha-se sóbrio ao se relaxar.

27. Ou um mundo ordenado ou uma mistura amontoada que não forma uma ordem adequada. Ou pode ser que uma certa ordem exista em você, mas a desordem no todo, e isso também quando todas as coisas são distintas e completamente misturadas e assim ligadas por uma simpatia compartilhada.

28. Um caráter sombrio, um caráter delicado, um caráter teimoso, feroz, bruto, infantil, indolente, enganoso, grosseiro, vigarista, tirânico.

29. Se alguém que não entende o conteúdo do mundo é um estranho ao mundo, aquele que não entende o que nele acontece também é um estranho. Aquele que foge da razão política é um fugitivo. Aquele que fecha os olhos da mente é cego. Aquele que depende de outra pessoa e não tem em si o que é necessário para a vida é um mendigo. Aquele que se isola e se separa da razão de nossa natureza compartilhada por sua insatisfação com o que acontece é um alheio ao mundo; a natureza que o trouxe à existência também o faz; ele é um fragmento da cidade que arrancou sua mente

daquela dos seres racionais, embora isso forme uma unidade.

30. Este filosofa sem túnica, e aquele sem livro. Outro, seminu, diz: "Não tenho pão, mas permaneço fiel à razão". E eu tenho os recursos que proporcionam os estudos e não persevero.

31. Ame a experiência que você aprendeu e apoie-se nisso. Passa o resto da tua vida como quem confiou tudo o que tem, com toda a sua alma, aos deuses, não se tornando nem tirano nem escravo de nenhum ser humano.

32. Lembre-se, por exemplo, dos tempos de Vespasiano. Você verá tudo igual: pessoas se casando, criando filhos, adoecendo, morrendo, travando guerras, festejando, negociando, cultivando a terra, bajulando, orgulhando-se, suspeitando, tramando, desejando a morte de outra pessoa, resmungando de sua situação atual, amando, acumulando riquezas, ansiando por consulados ou realezas; e agora essa vida deles desapareceu completamente. Lembre-se, agora, dos tempos de Trajano; você verá tudo igual; que a vida também está morta.

Da mesma forma, olhe para os registros de outras eras e, de fato, nações inteiras e veja quantas pessoas, depois de seus esforços, logo sucumbiram e foram dissolvidas nos elementos. Você deve, acima de tudo, ter em mente aqueles que você mesmo viu se esforçarem em vão, distraídos por projetos vazios e negligenciando as ações de acordo com sua própria constituição; deve perseverar nisso e se satisfazer com isso. Portanto, você deve lembrar que a atenção dada a cada atividade tem seu próprio valor e proporção; pois assim você não vai desanimar e desistir, a não ser que você não esteja envolvido com assuntos fúteis em uma extensão maior do que o apropriado.

33. As palavras de uso comum no passado são agora arcaísmos; assim também os nomes daqueles famosos no passado são agora, em certo sentido, arcaísmos: Camilo, Cesônio, Voleso, Leonato; e um pouco depois Cipião e Catão; e depois Augusto; e depois Adriano e Antonino. Todas as coisas passam e rapidamente se tornam lendas, e então o esquecimento as cobre completamente. Aqui estou falando daqueles

que se destacaram de forma esplendorosa; quanto ao resto, assim que expiram, são invisíveis e inaudíveis. Mas, afinal, o que é a lembrança eterna? Um vazio total. Ao que, então, devemos dedicar nossas energias? A uma coisa só: uma mente justa e ações feitas para o bem comum, uma fala incapaz de mentir e uma disposição que saúda tudo o que acontece como necessário, como familiar e como fluente de uma fonte que tem o mesmo caráter.

34. Sem reservas, entregue-se a Cloto, deixando-a girar o fio do seu destino em qualquer acontecimento que ela queira.

35. Tudo é efêmero, tanto a lembrança quanto o que é lembrado.

36. Contemple constantemente tudo que está surgindo pela transformação e habitue-se a perceber que nada ama tanto a natureza do todo como mudar as coisas que existem e criar coisas novas e semelhantes. Todo ser é, de certa forma, a semente do que virá a existir a partir dele. Mas você pensa que as únicas sementes são aquelas jogadas na terra ou no útero. Isso é uma ignorância excessiva.

37. Você logo estará morto e ainda não é simples, nem imperturbável, nem livre da suspeita de que pode ser prejudicado de fora, nem gentil com todos, e ainda não percebe que a sabedoria é inerente apenas ao agir com justiça.

38. Olhe com atenção em seus guias interiores e veja o que eles evitam e o que eles perseguem.

39. O que é ruim para você não depende do guia interior de outra pessoa, ou mesmo de qualquer mudança ou alteração do seu ambiente. Onde, então, está? Nessa parte de você que forma opiniões sobre o que é ruim. Se não formar essa opinião, então todas as coisas ficarão bem. E ainda no caso de que seu mais próximo vizinho, seu pobre corpo, seja cortado, queimado, ou deixado para apodrecer, ainda assim a parte de você que forma opiniões sobre essas coisas deve manter a tranquilidade; ou seja, deve opinar que nada é mau ou bom que possa acontecer igualmente a um homem mau e a um bom. O que acontece igualmente com alguém cuja vida está em desacordo com a natureza e para alguém cuja

vida está de acordo com ela não pode estar em conformidade com a natureza ou contrário a ela.

40. Pense constantemente no mundo como um animal vivo, possuindo uma essência e uma alma; e como todas as coisas são absorvidas na percepção única desse animal e como ele faz todas as coisas com um único motivo e como todas as coisas são responsáveis por tudo o que acontece e como as coisas formam uma espécie de teia e conexão.

41. "Você é uma pequena alma carregando um cadáver", como Epíteto costumava dizer.

42. Não ocorre nada de ruim às coisas que estão se transformando, assim como não ocorre nada de bom às coisas que emergem da mudança.

43. O tempo é um rio e uma corrente impetuosa de acontecimentos; assim que cada coisa é vista, essa coisa é arrastada e uma outra aparece e esta será também arrastada.

44. Tudo o que acontece é tão habitual e familiar como a rosa na

primavera e os frutos no verão; algo semelhante acontece com a doença e a morte e a calúnia e a intriga e tudo o que agrada ou aflige os tolos.

45. As consequências estão sempre ligadas com o que veio antes; não é como uma simples enumeração de unidades isoladas apenas por uma determinação necessária, mas de uma combinação racional; e assim como as coisas existentes possuem uma coordenação harmoniosa, as coisas que vêm à existência não exibem uma simples sucessão, mas uma espécie de afinidade admirável.

46. Lembre-se sempre do ditado de Heráclito: "a morte da terra é o nascimento da água e a morte da água é o nascimento do ar, a morte do ar é o nascimento do fogo e o inverso". Lembre-se, também, do que ele disse sobre a pessoa "que esquece o caminho que está tomando"; e que "eles estão mais em desacordo com aquilo que se associam constantemente, a saber, a razão que governa o todo, e lhes parecem estranhas as coisas que encontram diariamente"; e que "não se deve agir nem

falar como pessoas se estivesse dormindo", pois, desde então, também parecemos agir e falar; e, por fim, que "não se deve ser como as crianças com seus pais", ou seja, simplesmente aceitando as coisas como nos disseram.

47. Se um dos deuses lhe dissesse que amanhã você estaria morto ou, pelo menos, depois de amanhã, você não consideraria ser mais importante se fosse depois de amanhã e não amanhã, a menos que você fosse extremamente vil (porque, qual é a diferença?). Da mesma forma, não considere muito importante viver por muitos anos em vez de amanhã.

48. Reflita, constantemente, quantos médicos morreram, depois de muitas vezes terem fechado os olhos daqueles que estavam doentes; e quantos astrólogos morreram, depois de terem previsto a morte de outras pessoas, como se a morte fosse algo grandioso; e quantos filósofos, após incontáveis debates sobre morte ou imortalidade; e quantos heróis, depois de terem matado muitas outras pessoas; e quantos tiranos, depois de exercer o poder da vida e

da morte com terrível arrogância, como se fossem imortais; e quantas cidades inteiras, por assim dizer, morreram, tais como Hélica, Pompeia, Herculano, e outras incontáveis. Acrescente a isso, também, todas as pessoas que você conhece, uma após a outra: uma pessoa compareceu ao funeral de outra e depois foi sepultada por outra, e assim sucessivamente. E tudo em tão pouco tempo. Juntando tudo, tenha sempre em vista que a vida humana é efêmera e de pouco valor: ontem, germe; amanhã, um cadáver enterrado ou cinzas. Então, faça o seu caminho por meio deste breve momento de tempo em sintonia com a natureza e termine sua vida com alegria, como uma azeitona que, madura, cai abençoando a terra que a gerou e grata à árvore que a fez crescer.

49. Seja como o rochedo contra o qual as ondas quebram constantemente e que ainda permanece firme, enquanto as águas espumosas repousam ao seu redor. "Sou infeliz porque isso me aconteceu." Pelo contrário, diga: "Sou feliz, porque, embora isso tenha acontecido comigo, eu persisto até o fim sem aflição, nem perturbado

pelo presente, nem com medo do futuro". Algo semelhante poderia ter acontecido com qualquer um, mas nem todo mundo suportaria até o fim sem ficar aflito. Por que esse caso é de má sorte e não de boa sorte? Acaso você descreve como má sorte de um homem aquilo que não é uma desgraça na natureza humana? E você acha que qualquer coisa pode ser uma falha na natureza humana que não esteja em desacordo com a intenção de sua própria natureza? Por que, então? Você aprendeu tal intenção? O que aconteceu o impede de ser justo, magnânimo, sensato, prudente, reflexivo, verdadeiro, respeitador de si mesmo, livre e outras qualidades cuja presença permite que a natureza humana mantenha seu caráter? Assim, a partir de agora, em todos os acontecimentos que possam levá-lo a ficar aflito, lembre-se de adotar este princípio: isso não é má sorte, mas suportá-la com nobreza é boa sorte.

50. Uma ajuda não filosófica, mas ainda assim eficaz, para menosprezar a morte é rever em sua mente aqueles que se agarraram com tenacidade à vida.

O que eles ganharam mais do que aqueles que morreram prematuramente? Em todo caso, eles jazem em seus túmulos: Ceciliano, Fábio, Juliano, Lépido e outros como eles, que levaram muitas pessoas para o túmulo e depois para o túmulo foram carregados. Em resumo, o intervalo de tempo é pequeno; e em que experiências e com que pessoas e com que pobre corpo esse intervalo se arrasta! Portanto, não considere isso importante. Veja o abismo do tempo atrás de você e outro do tempo infinito à frente. Que diferença há a esse respeito entre uma criança que viveu três dias e alguém que vive três vezes mais?

51. Sempre corra pelo caminho mais curto; e o caminho curto é o que está de acordo com a natureza; então diga e faça tudo da maneira mais sensata. Um propósito como esse nos liberta de todas as aflições, da disciplina militar, de toda preocupação administrativa e afetação.

Livro V

1. Ao amanhecer, quando estiver com dificuldade para acordar, mantenha este pensamento em sua mente: "Estou me levantando para fazer o trabalho próprio de um ser humano". Ainda continuarei insatisfeito se irei fazer aquilo que justifica minha existência e para o qual fui trazido ao mundo? Ou, por acaso, nasci para isso, para me deitar debaixo dos cobertores e me manter aquecido? "Mas isso é mais agradável." Então você nasceu para o prazer. Em resumo, você nasceu para sentir ou para agir? Você não vê as plantas, os pequenos pardais, as formigas, as aranhas, as abelhas fazendo seu próprio trabalho e desempenhando seu papel na construção de um mundo ordenado? Então você não está disposto a fazer o trabalho de um ser humano? Você não vai fazer o que

está de acordo com sua natureza? "Mas é preciso descansar também." Sim, é preciso, eu também descanso. Mas a natureza estabeleceu limites para isso, assim como para comer e beber, e ainda assim você está passando do limite do que é suficiente? Mas quando se trata de suas ações, não somente não cumpre o suficiente, como também fica aquém de tuas responsabilidades. A razão é que você não ama a si mesmo. Se amasse, você amaria também sua natureza e seu propósito. Outras pessoas que amam seus trabalhos se desgastam com suas tarefas sem ter tempo para se lavar ou comer. Mas você valoriza sua própria natureza menos do que o ferreiro ama seu trabalho em metal, o dançarino sua dança, o avarento seu dinheiro e o presunçoso seu momento de glória. Estes, no entanto, quando estão apaixonadamente engajados em algo, estão dispostos a desistir de comer e dormir ao invés de deixar de fazer as coisas para as quais estão atraídos; mas, no seu caso, as ações para o bem comum parecem menos valiosas e valem menos esforço?

2. Como é fácil rejeitar e apagar toda impressão incômoda ou imprópria, e então imediatamente ficar em completa calma.

3. Julgue-se digno de todas as palavras e ações que estão de acordo com a natureza, e não se deixe enganar por nenhuma crítica que alguns suscitarão a seu propósito; mas se algo foi feito ou dito corretamente, não se considere menos merecedor. Esses outros têm seus próprios guias governantes e seguem seus próprios motivos. Não cobice essas coisas, mas siga em frente, seguindo a sua própria natureza e a natureza comum, pois o caminho de ambas é único.

4. Viajo seguindo o caminho da natureza até cair e descansar, exalando meu último suspiro no ar, do qual respiro diariamente; e caindo nessa terra de onde meu pai tirou sua semente, minha mãe seu sangue e minha ama o seu leite; e de onde, durante tantos anos, tomei a minha comida e bebida quotidianas; a terra que carrega os meus passos e que de tantas maneiras usei ao máximo.

5. "Eles não podem admirá-lo por sua perspicácia"; que assim seja! Mas há

outras qualidades das quais você não pode dizer: "Não tenho dom para isso". Ofereça, então, o que depende inteiramente de você: sinceridade, dignidade, trabalho duro, indiferença ao prazer, aceitação do próprio destino, necessidade de poucas coisas, benevolência, liberdade, simplicidade, discrição, grandeza de espírito. Você não vê o quanto você pode oferecer para o qual não há desculpa na falta de talento natural ou aptidão insuficiente? Ainda assim, você permanece em um nível inferior por sua própria vontade. Ou você se vê obrigado a resmungar, a ser mesquinho, a bajular, a culpar seu pobre corpo, a ser insinuante, a se gabar, a ser tão inquieto em sua mente porque você foi criado sem nenhum talento natural? Não, pelos deuses! Você poderia ter sido libertado de tudo isso há muito tempo, e ser acusado por apenas uma acusação, a de ser bastante lento para compreender. Mas também isso é algo que deve ser exercitado, sem menosprezar a lentidão nem desfrutar dela.

6. Existe um certo tipo de pessoa que, sempre que faz uma boa ação a al-

guém, é rápido em cobrar o favor que lhe foi feito. Enquanto há outros não tão rápidos em fazer isso, mas, em seu interior, eles pensam que a outra pessoa lhe deve algo e tem consciência do que fez. Há um terceiro tipo, de certa forma, que nem mesmo é consciente do que fez, mas é como uma videira que deu uvas e não pede mais nada depois de produzir seu próprio fruto, ou como um cavalo que galopou, como um cachorro que seguiu o rastro da presa ou como uma abelha que produziu o mel. Uma pessoa que fez algo bom não persegue um benefício, mas passa para a próxima ação, como uma videira continua a produzir uvas novamente no seu devido tempo. Então, é preciso ser um daqueles que fazem isso sem, em certo sentido, estar ciente de fazê-lo? "Sim; mas certamente devemos estar cientes disso; já que é próprio de um ser social perceber que está agindo de acordo e conforme o bem comum, e, por Zeus, também querer que seu próximo perceba isso também!" O que você diz é verdade, mas você está mal interpretando o ponto atual e, por causa disso, você será uma das pessoas que mencionei anteriormente; eles também são enganados por certa aparência lógica. Mas se você quiser entender o real significado do meu ponto, não tenha medo de que, por causa disso, você negligencie qualquer ato socialmente benéfico.

7. Uma oração dos atenienses: "Chuva, chuva, ó amado Zeus, sobre nossas terras aradas e nas planícies dos atenienses". Ou não é preciso orar, ou devemos orar neste estilo, direto e livre.

8. Como costumam dizer: "Asclépio prescreveu para alguém andar a cavalo ou banhos frios ou andar descalço", também de modo similar, podem dizer: "A natureza do todo prescreveu para ele uma doença ou uma deficiência ou uma perda ou qualquer outra coisa desse tipo". No primeiro caso, "prescreveu" significa algo como "ordenou isso para ele conforme apropriado para sua saúde", já no segundo "o que acontece com cada pessoa foi ordenado como sendo, de algum modo, apropriado para seu destino". Quando dizemos que esses acontecimentos nos convêm, estamos falando

como construtores quando dizem que blocos quadrados se encaixam em paredes ou pirâmides, porque se unem em um arranjo estruturado particular. Em resumo, há uma harmonia; e assim como todos os corpos de diferentes dimensões se combinam para formar um corpo, o todo, todas as causas se combinam para formar a única causa que é o destino. Mesmo os mais ignorantes entendem o que quero dizer; eles dizem, "que lhe foi enviado pelo destino"; o que foi enviado a ele também foi prescrito para ele. Portanto, devemos aceitar estas coisas tal como aceitamos o que Asclépio prescreve. Muitas delas também são duras, mas nós as acolhemos, na esperança de obter saúde. Você deve considerar a realização e o cumprimento do que parece bom para a natureza como um todo da mesma forma que você vê sua própria saúde, e assim acolher tudo o que acontece, mesmo que pareça um pouco cruel, porque conduz àquele objetivo, à saúde do mundo, ao bem-estar e ao bem-estar de Zeus. Pois ele não teria enviado isso a ninguém se não beneficiasse o todo; porque a natureza, qualquer que seja, nada produz que não se adapte ao ser governado por ela. Portanto, há duas razões pelas quais você deve aceitar o que acontece com você: uma é que lhe ocorreu, e foi prescrito para você, e está em uma relação especial com você, como um fio do destino fiado desde o princípio das causas mais antigas. Outra, é que o que acontece a cada um de nós, individualmente, é causa do bem-estar e da perfeição e, por Zeus, a própria continuação daquilo que governa o todo. Assim como o conjunto do todo é mutilado, se você cortar mesmo uma fração da conexão e a continuidade de suas partes, o mesmo acontece com suas causas. E você corta, tanto quanto pode, quando está descontente e, de certa forma, destrói o todo.

9. Não fique insatisfeito, nem desanime, nem fique impaciente, se nem sempre agir de acordo com os princípios corretos, nem se tudo que você faz não estiver completamente consolidado. Pelo contrário, depois de ser menosprezado, volte novamente à tarefa e fique satisfeito se a maioria de suas ações forem dignas de um ser humano. Ame aquilo ao qual você

retorna; e não recorra à filosofia como um aluno com seu professor, mas como alguém com enfermidade nos olhos se volta à esponja e à clara de ovo, assim como outro às bandagens e outro à loção. Dessa forma, você não fingirá obedecer à razão, mas encontrará nela uma fonte de alívio. Lembre-se também que a filosofia quer apenas o que sua natureza quer, enquanto você queria outra coisa, não alinhada com a natureza. O que poderia ser mais atraente do que isso? O prazer não nos seduz por sua atratividade? Mas veja se isso é mais atraente do que a grandeza de espírito, a liberdade, a simplicidade, a benevolência, a santidade. O que é mais atraente do que a própria sabedoria, quando você considera que a estabilidade e o progresso procedem em todas as circunstâncias do entendimento e do conhecimento?

10. As coisas estão tão veladas, de certo modo, que vários filósofos, e não insignificantes, pensaram que não poderiam ser apreendidas com certeza; inclusive até os próprios estoicos pensam que são difíceis de entender. E todo consentimento

que damos está sujeito a mudanças: onde encontrar uma pessoa que não esteja sujeita a mudanças? Encaminhe seus passos aos próprios objetos de sensação: como são efêmeros, sem valor e capazes de cair na posse de um libertino, de uma prostituta ou de um ladrão! Em seguida, passe a indagar o caráter dos que vivem com você: é difícil suportar até mesmo o mais agradável deles, para não mencionar que dificilmente se pode suportar-se. Assim, em meio a tanta sujeira, escuridão, tanto fluxo de ser, de tempo, de movimento e de coisas em movimento, não posso discernir qual objeto pode ser altamente valorizado ou levado a sério em sua totalidade. Pelo contrário, deve-se encorajar a si mesmo a esperar pela liberação natural e não se aborrecer com a demora, mas encontrar conforto apenas nesses princípios: um, é que nada acontecerá comigo que esteja em desacordo com a natureza do todo; outro, é que está ao meu alcance nunca fazer nada fora de sintonia com meu deus e guia interior. Ninguém pode me forçar a agir contra isso.

11. Para que serve agora a minha alma? Em todo caso, pergunte a si mesmo e se pergunte o que você tem nesta parte de você que as pessoas chamam de guia interior, e que mente você agora tem. Acaso é a de uma criança, um jovem, uma mulher, um tirano, um animal doméstico ou um animal selvagem?

12. Você pode formar uma ideia do que são as coisas que parecem boas para a massa de pessoas dessa maneira: se alguém pensasse nas coisas que são realmente boas, por exemplo, sabedoria, autocontrole, justiça e coragem, ele não seria capaz de, mantendo isso em sua mente, ouvir o verso "está muito cheio de coisas boas", pois não harmonizaria com ele tal característica. Mas se, por outro lado, ele tiver em mente o que a maioria das pessoas pensam ser bom, ele ouvirá e aceitará prontamente o que o poeta cômico diz como um comentário apropriado. Assim, podemos ver que mesmo a massa de pessoas forma uma imagem da diferença; caso contrário, esse verso não causaria ofensa e seria rejeitado, enquanto aquele, quando aplicado à riqueza e à

boa fortuna associadas ao luxo ou à fama, nós o aceitamos como um comentário apropriado e espirituoso. Pois prossiga e pergunte se devemos valorizar e considerar tais coisas como boas, essas que, se fossem avaliadas apropriadamente, poderiam dar a conclusão de que seu possuidor, devido à abundância de bens, "não tem mais espaço para evacuar".

13. Fui composto do causal e do material; e nenhum destes desaparecerá no nada, assim como nenhum deles surgiu do nada. Assim, cada parte de mim será atribuída por transformação a uma parte do mundo; por sua vez, aquela se transformará novamente em outra parte do mundo, e assim por diante até o infinito. Foi graças a esse tipo de transformação que eu vim a existir, e meus pais também e assim por diante voltando para outro infinito. Nada me impede de falar assim, mesmo que o mundo seja governado de forma a ter uma série de períodos limitados.

14. A razão e o método racional são capacidades autossuficientes e suficientes para suas atividades. Assim, partem

do princípio de que lhes é próprio e se dirigem para o fim que lhes foi traçado; e, por isso, tais ações são chamadas de "ações corretas", pois estão indicando o caminho correto.

15. Um ser humano não deve dar atenção a nenhuma das coisas que não se ajustem à sua natureza como ser humano. Elas não são exigidas de um ser humano, nem a natureza humana as promete, nem formam a conclusão da natureza humana. Portanto, o fim estabelecido para os seres humanos não é inerente a eles, nem o bem que constitui o fim. Além disso, se alguma dessas coisas pertencesse à natureza do ser humano, não seria adequado desprezá-las ou revoltar-se contra elas; tampouco mereceria elogio aquele que assegura que não precisa delas, se elas fossem realmente boas. Mas, agora, quanto mais alguém se priva dessas coisas ou coisas semelhantes ou suporta ser privado delas, melhor ele é como pessoa.

16. Como você forma suas impressões repetidas vezes, assim também será sua mente, pois sua alma é colorida por

suas impressões. Colore-a, então, com uma sucessão de impressões como estas: onde é possível viver, também é possível viver bem; se é possível viver em um palácio, então é possível viver bem em um palácio. Ou ainda: o propósito para o qual cada animal é constituído, para ele é atraído; e para o que ele é atraído, seu objetivo está ali inerente; e onde quer que esteja seu objetivo, também ali cada coisa é benéfica e boa; portanto, o bem para uma criatura racional é a comunidade. Há muito está provado que nascemos para viver em comunidade. Ou não estava claro que os seres inferiores existem por causa dos superiores, e estes existem para ajudarem-se mutuamente? Seres animados são superiores aos inanimados, e seres racionais são superiores aos que são meramente animados.

17. Perseguir o impossível é loucura; mas é impossível que pessoas más não façam tais coisas.

18. A ninguém acontece nada que não possa, por sua natureza, suportar. As mesmas coisas acontecem com outra pessoa, mas, seja porque ela não percebe o

que aconteceu ou porque mostra grandeza de espírito, ela permanece firme e resiste sem danos. É estranho que a ignorância e a submissão sejam mais poderosas do que a sabedoria.

19. As coisas por si mesmas não afetam a alma, nem têm acesso a ela, nem podem girá-la ou movê-la. A única coisa que gira e move a alma é ela mesma, e garante que as coisas que lhe são apresentadas correspondam aos julgamentos que considera dignos de serem feitos sobre elas.

20. Em um aspecto, os seres humanos estão mais próximos de nós, pois devemos fazer o bem a eles e suportá-los. Mas, na medida em que algum deles crie obstáculos para nossas próprias ações, os seres humanos se tornam uma das coisas que são indiferentes para mim, não menos do que o sol, o vento ou o animal selvagem. Eles podem prejudicar uma ou outra de minhas ações, mas não agem como obstáculos à minha motivação ou disposição, porque tenho o poder de seleção e adaptação às circunstâncias. A mente adapta e converte tudo o que impede sua atividade em

algo que serve ao seu objetivo; um impedimento à sua ação torna-se um meio de ajuda a essa ação e um obstáculo ao longo do caminho torna-se um meio de ajuda ao longo do caminho.

21. Respeite o maior poder do mundo; é isso que serve e cuida de tudo. Da mesma forma, respeite o poder supremo que reside em você, que é o mesmo tipo que o outro poder; em você também é isso que aproveita as outras coisas, e sua vida é governada por isso.

22. O que não é prejudicial à cidade também não prejudica os cidadãos. Sempre que imaginar ter sido prejudicado, aplique este princípio: se a cidade não é prejudicada por isso, eu também não sou prejudicado. Mas se a cidade é prejudicada, não se deve ficar irritado com a pessoa que prejudica a cidade, mas apontar para ela o que ela negligenciou.

23. Reflita, constantemente, sobre a rapidez com que tudo o que existe e está por vir passa por nós e se afasta. A existência é como um rio em fluxo constante, e suas atividades estão em contínua

mudança e suas causas são inumeráveis em sua variedade, e quase nada fica parado, mesmo o que está próximo de nós; e há o abismo infinito do passado e do futuro no qual tudo desaparece. Como, então, não é um tolo aquele que nessas circunstâncias se orgulha, se desespera ou se queixa por ter sofrido alguma dor por certo tempo e, inclusive, longo tempo?

24. Lembre-se de toda a existência, da qual você compartilha a menor parte; e a totalidade do tempo, do qual lhe é concedido apenas um breve e insignificante intervalo; e do destino, que parte você ocupa dele?

25. Alguém cometeu um erro contra mim? Ele verá. Ele tem sua própria disposição e seu próprio modo de agir. Eu tenho agora o que a natureza comum quer que eu tenha, e faço o que minha natureza quer que eu agora faça.

26. Certifique-se de que o guia interior e soberano de sua alma não seja afetado pelo movimento, áspero ou suave, na carne e que não se combine com isso, mas se circunscreva e limite essas expe-

riências às partes afetadas. E quando estas progredirem e alcançarem a inteligência, por efeito dessa outra simpatia, como em um corpo unificado, então você não deve tentar resistir à sensação que é natural; mas seu guia interior não deve acrescentar seu próprio julgamento de que se trata de algo bom ou ruim.

27. "Conviva com os deuses". A pessoa que convive com os deuses é aquela que constantemente lhes mostra sua alma contente com o que lhe é atribuído, e fazendo o que a divindade quer – que Zeus deu a cada pessoa – como um fragmento de si mesmo, como seu protetor e guia. Essa divindade é a mente e a razão de cada um.

28. Você se incomoda com alguém que cheira a bode? Você se incomoda com alguém com mau hálito? Que bem isso fará? Esse é o tipo de boca que ele tem; esse é o tipo de axila que ele tem; e há uma conexão necessária entre os cheiros e esses fatores. "Mas essa pessoa possui racionalidade, e se ela pensar nisso, pode descobrir por que se incomoda". Seja parabenizado! Pois você também tem racionalidade. Ative

uma disposição racional por outra: mostre-lhe, diga-lhe. Se ele ouvir, você o curará e não haverá necessidade de irritar-se. Nem um ator trágico nem uma prostituta.

29. Você pode viver sua vida aqui e agora da maneira que pretende viver depois de deixar este mundo. Mas se não permitirem isso, então deixe a vida, mas não faça isso como se você estivesse sofrendo algum mal. Há fumaça e eu saio da sala. Por que considerar isso muito importante? Mas enquanto nada disso me expulsar, fico aqui livre, e ninguém me impedirá de fazer o que quero. Meu desejo é agir de acordo com a natureza de um ser racional e sociável.

30. A mente do todo é sociável. Assim, fez as coisas inferiores em relação às superiores e harmonizou os superiores entre si. Você pode ver como foi subordinado, coordenado e distribuído a cada um segundo seu mérito, e foram colocados os seres superiores em harmonia uns com os outros.

31. Como você tem se comportado até agora em relação aos deuses, seus pais, seus irmãos, sua esposa, seus filhos, seus

mestres, seus tutores, seus amigos, seus parentes e seus criados? Considere que sua atitude até agora foi essa: "não faça mal, não fale mal". Lembre-se do que você passou e do que você teve forças para suportar, e que a história de sua vida já está completa, e seu serviço cumprido; e quantas boas ações você observou e quantos prazeres e dores você ignorou, e quantas ambições de glória você desprezou, e com quantas pessoas insensatas você foi gentil.

32. Por que almas rudes e ignorantes confundem uma alma que tem experiência e conhecimento? Bem, qual é a alma que tem experiência e conhecimento? É aquela que conhece o princípio, o fim e a razão que percorre toda a existência e que por toda a eternidade governa o todo por ciclos determinados.

33. Em nenhum momento, cinzas ou um esqueleto, ou apenas um nome ou nenhum nome; e um nome é apenas som e eco. O que é altamente valorizado na vida é vazio, podre e trivial, cães que se mordem, crianças brigando, rindo e logo chorando.

A confiança, o respeito, a justiça e

a verdade fogem do "Olimpo da terra de largos caminhos". O que, então, ainda me mantém aqui se os objetos da sensação são sempre mutáveis e instáveis, e nossos sentidos são cegos e facilmente enganados por falsas impressões, e nossa pobre pequena alma é um fino borrifo de sangue? Certamente, uma boa reputação em tais circunstâncias é vazia. E então? Você esperará benévolo a sua extinção ou sua mudança de condição? E até esse momento chegar, o que é suficiente? O que mais senão venerar e adorar os deuses, e fazer o bem aos seres humanos, e mostrar tolerância e moderação? Quanto ao que está dentro dos limites de sua carne e respiração, lembre-se de que isso não é seu e nem depende de você.

34. Você pode viver bem a sua vida, pelo menos se puder seguir o caminho certo e se apegar a esse caminho em seus pensamentos e ações. Duas coisas são comuns à mente de deus e da humanidade e, portanto, de toda criatura racional: não ser impedido por ninguém e encontrar o bem em uma disposição e ação justas e fazer disso o limite de seu desejo.

35. Se isso não é maldade nem uma ação resultante de minha maldade nem é um dano ao bem comum, por que estou perturbado por causa disso? E que mal há para o bem comum?

36. Não se deixe levar completamente por impressões, mas ajude as pessoas na medida de suas possibilidades e segundo o mérito de cada uma, mesmo que sua perda esteja relacionada a coisas sem valor inerente. Ainda assim, não forme a impressão de que isso é prejudicial; isso é um mau hábito. Como o ancião que, ao partir, pediu o pião de seu filho, sabendo que era apenas um pião; também você procede assim. Logo se encontrará na tribuna gritando. Você esqueceu, é homem, o que são essas coisas? "Sim, mas elas importam muito para outras pessoas." Acaso isso é uma razão para você ser tolo também? Houve um tempo em que eu era uma pessoa de sorte em todos os contextos e ocasiões. Ter sorte significa dar-se boa sorte; e boa fortuna significa ter boas disposições de caráter, bons motivos e praticar boas ações.

Livro VI

1. A substância do todo é moldável e adaptável; a razão que a governa não tem causa em si mesma para fazer mal, uma vez que não contém nenhuma maldade; não faz mal algum nem é algo ferido pelo mal. Tudo se origina e chega ao seu fim de acordo com ela.

2. Se você age adequadamente, deve ser indiferente para você passar frio ou calor, passar a noite em claro ou dormir o suficiente, ser criticado ou elogiado, morrer ou fazer outra coisa. Até mesmo isso – o ato de morrer – é uma das ações de nossa vida. Assim, também é o suficiente para este ato dispor bem do presente.

3. Olhe para seu interior; não deixe a qualidade ou valor específico de nenhuma coisa lhe passar despercebido.

4. Tudo o que existe será transformado rapidamente, ou evaporará – se é verdade que toda substância é uma só –, ou será dispersado.

5. A razão que governa conhece sua própria disposição, o que faz e sobre que matéria.

6. A melhor maneira de defender-se é não se assemelhar a eles.

7. Encontre alegria e descanso em uma coisa: passar de uma ação útil para outra ação útil à sociedade, mantendo o divino em seus pensamentos.

8. O guia interior é aquele que desperta a si mesmo, adapta-se, faz-se como quer e faz com que tudo o que acontece lhe pareça tal como quer.

9. Todas e cada uma das coisas são realizadas de acordo com a natureza do todo; não de acordo com outra natureza, seja abraçando o mundo de fora, incluída em seu interior, ou desvinculada no exterior.

10. Barulho, emaranhado e dispersão, ou unidade, ordem e providência. No primeiro caso, por que desejo gastar

tempo em uma reunião e caos tão aleatórios? Por que eu deveria me importar com outra coisa além de como um dia vou "retornar à terra"? E por que isso deveria me perturbar? A dispersão acontecerá comigo, faça o que eu fizer. Mas, neste último caso, venero, persisto e confio no poder que governa.

11. Quando as circunstâncias o forçarem a sentir-se, por assim dizer, confuso, retorne rapidamente a si mesmo e não saia do seu ritmo por mais tempo do que o necessário; você dominará mais a harmonia retornando a ela constantemente.

12. Se você tivesse uma madrasta e uma mãe ao mesmo tempo, você daria a devida atenção à primeira e estaria constantemente visitando a sua mãe. Você tem essa mesma relação com o palácio e a filosofia. Portanto, retorne frequentemente à filosofia e encontre repouso nela; é graças a ela que a vida no palácio lhe parece suportável e, graças a ela, você é suportável para [os membros de] seu palácio.

13. Como é bom quando você tem carne assada e iguarias à sua frente para

formar a impressão de que isso é um cadáver de peixe, e que aquilo é um cadáver de pássaro ou de porco; e também que o vinho falerno é suco de uva, e o manto púrpura é lã de cordeiro embebida em sangue de marisco; e, quanto à relação sexual, que é a fricção de uma víscera e uma ejaculação acompanhada de uma espécie de espasmo. Quão boas são essas impressões para chegar ao interior das coisas em si mesmas para que você possa ver o que elas realmente são! Você deve agir assim por toda a sua vida e sempre que as coisas derem a impressão de serem dignas de sua confiança, analise-as e veja como são baratas, e retire a história que elas usam para se vangloriarem. Pois o orgulho é esperto em enganar por falsos raciocínios, e é quando você está mais convencido de que está envolvido em assuntos valiosos que você é mais enganado. Considere, em todo caso, o que Crates diz sobre o próprio Xenócrates.

14. A maioria das coisas que a multidão admira se refere às mais gerais, coisas que são constituídas por uma espécie de ser ou natureza, como minerais, madeira,

figueiras, vinhas e oliveiras. As coisas que são admiradas por pessoas de uma classe mais alta podem ser referidas às constituídas pela vitalidade, como os rebanhos ou as manadas. As coisas que são admiradas por pessoas de um nível ainda mais elevado podem ser referidas a coisas constituídas pelo espírito racional, mas não o universal, na medida em que são constituídas por perícia ou alguma habilidade nas artes ou simples propriedade de massas de escravos. Mas alguém que valoriza a mente, na medida em que ela é racional e política, não volta mais sua atenção a essas outras coisas, mas, acima de tudo, mantém sua mente em acordo com a razão e o bem comum, e coopera com o seu semelhante para alcançar esse fim.

15. Algumas coisas estão se apressando para ser, outras estão se apressando para não mais existir, e uma parte do que chega a ser já se extinguiu. Fluxos e mudanças renovam constantemente o mundo, pois o movimento incessante do tempo torna sempre nova a eternidade infinita. Neste rio, onde é impossível deter-se, qual

dessas coisas que estão passando por ele alguém poderia dar valor? É como se você começasse a se sentir atraído por um dos pequenos pardais que passam voando ao seu redor, e logo desaparecem de vista. De fato, a própria vida de cada um de nós é exatamente o mesmo que a exalação do nosso sangue ou a inspiração do ar. Não há diferença entre inspirar uma vez o ar e expulsá-lo, coisa que fazemos a cada momento, e devolver toda a capacidade de respiração, que você adquiriu ontem ou anteontem, à fonte da qual você primeiro a adquiriu.

16. Não há nada de valioso em transpirar como as plantas, nem respirar como gado e animais selvagens, nem receber impressionado pela imaginação, nem ser movido como marionetes em nossos motivos, nem nos agruparmos em rebanhos, nem nos alimentarmos; este último é semelhante a excretar as sobras de nossa comida. O que, então, é valioso? Ser aplaudido? Não. Então, também não há valor em ser aplaudido pelo bater de línguas, já que o louvor da multidão é apenas o bater de

línguas. Portanto, você se desfez da glória vazia. O que resta de digno para valorizar? Na minha opinião, é agirmos e mantermo-nos de acordo com nossa própria constituição, fim para o qual nossas artes e formas de saber se dirigem. Toda arte visa a isso, que a coisa constituída seja adequada à função para a qual foi produzida. Este é o objetivo do jardineiro que cuida das vinhas e do domador de cavalos ou do adestrador de cães. E os métodos de educação e ensino? A que se destinam? É aí que reside o valor; e se as coisas correrem bem apenas nesse aspecto, você não tentará obter outras coisas para si mesmo. E você não deixará de valorizar muitas outras coisas também? Caso contrário, você não será livre, nem autossuficiente, nem isento de paixões; visto que você é obrigado a ser invejoso, ciumento, desconfiado daqueles que podem privá-lo de seus bens, e conspirar contra aqueles que possuem o que você valoriza. Em suma, quem sente necessidade de qualquer uma dessas coisas está fadado a estar em estado de perturbação e, além disso, a culpar os deuses com frequência.

Contudo, se você respeitar e valorizar o seu próprio pensamento, você se tornará agradável aos seus próprios olhos, bem harmonizado com os que convivem ao teu lado e de acordo com os deuses, isto é, louvando o que lhe foi designado e distribuído.

17. Para cima, para baixo e em círculo são os movimentos dos elementos, mas o movimento da virtude não é nenhum desses, mas é algo mais divino e segue seu curso por um caminho difícil de entender.

18. Como é curioso o jeito que eles se comportam! Não querem falar bem de pessoas de seu tempo e que vivem ao seu lado, mas eles próprios dão grande importância a serem elogiados por gerações futuras que eles nunca viram nem verão. Isso é próximo a ser ofendido, porque as gerações anteriores não disseram coisas boas sobre você.

19. Se algo é difícil para você alcançar, não pense que isso está além da capacidade humana; em vez disso, se algo é possível e natural ao ser humano, considere que também está ao seu alcance.

20. Nos exercícios dos ginásios, alguém nos arranhou com as unhas

e, avançando, nos deu uma cabeçada. Mas não o colocamos como um homem de mau caráter, nem o incomodamos, nem suspeitamos dele de conspirar contra nós. É verdade que nos colocamos em guarda, não o tratando como se fosse um inimigo ou com suspeita, mas esquivando-o de forma bem-intencionada. Devemos nos comportar da mesma forma nas outras áreas da vida; devemos ignorar muitas coisas naqueles que são, por assim dizer, nossos adversários nos esportes. Como eu disse, é possível evitá-los sem mostrar receio nem aversão.

21. Se alguém puder provar que estou errado e me mostrar que não estou certo no que penso ou faço, ficarei feliz em mudar meu modo de agir. Pois procuro a verdade, que nunca prejudicou ninguém; é prejudicado aquele que persiste em seu próprio erro e ignorância.

22. De minha parte, faço o que devo; as outras coisas não me distraem. Pois elas carecem de vida, ou são irracionais, ou se perderam e desconhecem o caminho certo.

23. Aos animais e objetos irracionais e coisas em geral que carecem de

razão, trate com generosidade de espírito, pois você tem racionalidade e eles não. No caso dos seres humanos, como eles também têm racionalidade, trate-os também de forma sociável. Em todas as coisas invoque os deuses, e não faça essas coisas em uma duração de tempo diferente; três horas gastas desta forma são suficientes.

24. Alexandre, da Macedônia, e seu cavalariço, uma vez mortos, encontram-se no mesmo nível. Pois, ou foram levados para os mesmos princípios geradores do mundo ou foram espalhados igualmente em átomos.

25. Perceba quantas manifestações, tanto corporais como espirituais, estão acontecendo simultaneamente em cada um de nós no mesmo breve momento de tempo; assim, então, você não ficará surpreso que muitas outras coisas, ou melhor, todos os acontecimentos da vida existem ao mesmo tempo e residem na entidade única e inteira que chamamos de mundo.

26. Se alguém lhe perguntar: "Como se escreve o nome Antonino?", você não soletraria cada uma das letras? Você

não enumeraria as letras calmamente, soletrando cada uma delas por sua vez? E se as pessoas estiverem com raiva? Você não vai ficar com raiva também? Da mesma forma, também aqui, lembre-se que cada ação apropriada se cumpre mediante certos cálculos. Você deve observá-los com atenção e não se incomodar; e se as pessoas estiverem ressentidas, não fique ressentido, mas complete seu propósito metodicamente.

27. Como é cruel não permitir que as pessoas visem o que lhes parece adequado e benéfico para elas mesmas! Mas, de certa forma, você não está de acordo que elas façam isso sempre que você estiver indignado com elas por suas falhas. De fato, elas são absolutamente atraídas para o que é adequado e benéfico para elas mesmas. "Mas não é assim". Bem, então ensine-os e mostre a eles, mas não se irrite.

28. A morte é o descanso da reação às sensações, dos impulsos que nos movem como uma marionete, da evolução do pensamento e do serviço que nos impõe a carne.

29. É vergonhoso que, nesta vida, seu corpo não desista da luta, mas que sua alma deve fazê-lo primeiro.

30. Tome cuidado para não ser transformado em um César, nem ser manchado; porque essas coisas acontecem. Portanto, mantenha-se simples, bom, sincero, digno, sem arrogância, amigo da justiça, reverente para com os deuses, gentil, afetuoso e vigoroso em fazer o que é adequado. Lute para conservar o tipo de pessoa que a filosofia queria fazer de você. Respeite os deuses, cuide dos seres humanos. A vida é curta. A única colheita de nossa existência é uma disposição piedosa e ações que servem ao bem comum. Em todas as coisas, aja como um discípulo de Antonino: sua constância para ações feitas de acordo com a razão, sua regularidade de temperamento em todas as situações, sua piedade, sua serenidade ao expressar-se, a doçura de seu caráter, a ausência de orgulho vazio, a ambição em compreender as situações. E lembre-se de como, geralmente, ele não deixou nada passar sem examinar cuidadosamente e chegar a um entendi-

mento claro; como ele suportou aqueles que o culparam sem justificativa, e não os culpou em troca; como ele nunca foi apressado em nada, e como ele se recusou a ouvir calúnias; quão perspicaz ele era ao examinar o caráter e a ação das pessoas, mas não era insolente, nem ansioso com cada rumor, nem desconfiado, nem um sofista; como ele era satisfeito com pouco, por exemplo, em moradia, roupa de cama, vestimentas, comida, serviço; quão trabalhador ele era, e quão paciente; como ele foi capaz de continuar trabalhando até o entardecer, por causa de sua dieta frugal, sem ter necessidade de se aliviar, exceto no horário habitual; sua firmeza e consistência nas amizades; como ele tolerava os que se opunham aos seus pontos de vista e alegrava-se se alguém lhe mostrasse um caminho melhor; e como ele era reverente aos deuses sem superstição; para que, assim, possa passar sua última hora com a consciência tão limpa quanto a dele.

31. Retorne a si mesmo e acalme-se e, uma vez que você se livrou do sono e viu que o que o perturbava eram os

sonhos, novamente desperto, olhe para essas coisas como você olhava para aquelas.

32. Sou um composto de corpo e alma. Para o corpo, todas as coisas são indiferentes, pois é incapaz de diferenciá-las. Para a alma, tudo o que não faz parte de sua atividade é indiferente; e tudo o que faz parte de sua atividade está sob seu controle. E, apesar destes, ela só se preocupa com as atividades do presente; suas atividades futuras e passadas são, elas mesmas, indiferentes naquele momento.

33. O trabalho manual não está em desacordo com a natureza nem, tampouco, o esforço que utiliza os pés, desde que os pés estejam fazendo o trabalho próprio de um pé, e as mãos o trabalho próprio de uma mão. Do mesmo modo, então, para um ser humano, o trabalho não é contrário à natureza, desde que ele esteja fazendo o trabalho próprio de um ser humano. Se não está em desacordo com a natureza para ele, também não lhe é ruim.

34. Que grandes prazeres foram desfrutados por ladrões, prostitutos, parricidas e tiranos.

35. Você não vê como os artesãos comuns se colocam de acordo com os profanos, até certo ponto, mas ainda se apegam ao princípio de seu ofício e não aceitam abandoná-lo? Não é terrível que o arquiteto e o médico demonstrem maior respeito pelo princípio de sua arte do que o ser humano pelo seu próprio, que é compartilhado por ele com os deuses?

36. Ásia e Europa são apenas cantos do mundo; todo o oceano é uma gota de água do mundo; o Monte Athos é um pedaço de terra do mundo; todo o tempo presente é um instante da eternidade; tudo é pequeno, mutável, passageiro. Todas as coisas vêm daí, partindo desse princípio governante compartilhado ou então dele derivando. Assim, até mesmo a mandíbula do leão, o veneno e tudo o que faz mal, como espinhos ou pântano, são partes de coisas veneráveis e belas. Portanto, não forme a impressão de que essas coisas são diferentes da coisa que você venera, mas reflita sobre a fonte de todas as coisas.

37. Quem vê o presente, vê tudo, tanto o que surgiu desde a eternidade

como o que permanecerá até o infinito; tudo possui a mesma origem e uma mesma forma.

38. Reflita, frequentemente, sobre a conexão de todas as coisas existentes no mundo e a relação umas com as outras. Todas as coisas estão, de certo modo, entrelaçadas umas com as outras, e todas as coisas são, por essa razão, amigas umas das outras; uma coisa segue a outra por causa do movimento ordenado, do hábito comum e da unidade da substância.

39. Molde-se às circunstâncias em que sua sorte o colocou; e ame as pessoas com as quais o destino colocou em seu caminho, mas faça isso verdadeiramente.

40. Um instrumento, uma ferramenta, um utensílio qualquer está em bom estado se cumprir o trabalho para o qual foi feito; ainda que seu criador esteja fora dali. Mas, quando as coisas são mantidas unidas por natureza, o poder que as fez está dentro delas e permanece lá. Portanto, você deve respeitá-lo mais e acreditar que se você estiver e continuar agindo de acordo com seu propósito, tudo estará de acordo com sua

mente. Da mesma forma, no mundo, suas coisas ocorrem conforme sua mente.

41. Se você considerar como boa ou ruim qualquer uma das coisas que estão fora de seu livre-arbítrio, é inevitável que, se você encontrar coisas ruins desse tipo e deixar de ganhar coisas boas desse tipo, você culpará os deuses e odiará as pessoas que são responsáveis pelo seu fracasso ou as que você suspeita que sejam as responsáveis. Na verdade, muitas vezes cometemos injustiças porque diferenciamos as coisas com base nisso. Mas, se determinarmos que apenas as coisas que dependem de nós são boas ou más, não resta razão para criticar os deuses ou adotar uma atitude hostil em relação a outro ser humano.

42. Todos nós trabalhamos juntos para um único fim, alguns de nós sabendo disso e conscientes do que estamos fazendo, outros sem saber disso; como Heráclito, creio eu, diz que "os que dormem são trabalhadores e colaboradores do que acontece no mundo". Pessoas diferentes contribuem de maneiras diferentes, e há amplo espaço também para quem critica e

para quem tenta se opor e destruir o que faz; o mundo também precisa desse tipo de pessoa. Resta você considerar em que lado você se coloca; pois o que governa todas as coisas do mundo irá usá-lo bem em qualquer caso, e irá aceitá-lo como parte de seus colaboradores; mas não deixe que sua parte seja a do verso vulgar e ridículo da tragédia que Crisipo menciona.

43. Por acaso o sol se compromete a fazer o trabalho da chuva? Ou Asclépio, o trabalho da deusa que traz a colheita? E o que dizer de cada um dos astros? Eles não são diferentes, mas trabalham juntos para o mesmo fim?

44. Se, de fato, os deuses pensaram em mim e no que deveria acontecer comigo, eles devem ter pensado bem; porque não é fácil conceber um deus sem decisão. E por que razão estariam motivados a me fazer mal? Que vantagem isso traria para eles ou para o bem comum, pelo qual, acima de tudo, exercem o máximo cuidado? Se não pensaram em mim como indivíduo, em todo caso, pensaram no bem comum.

Devo acolher e amar esses acontecimentos também como uma consequência disso. Mas suponha que eles não pensem em nada – não é piedoso acreditar nisso, ou então não deveríamos sacrificar ou orar ou jurar ou fazer as outras coisas que fazemos na crença de que os deuses estão lá e compartilhar nossas vidas. Mas se os deuses não pensam em nenhuma de nossas preocupações, ainda assim é possível que eu pense em mim mesmo, e cabe a mim considerar o que me beneficia. O que beneficia cada um de nós é o que está de acordo com constituição e natureza de cada um; minha natureza é racional e política. Como Antonino, minha cidade e pátria é Roma, como ser humano é o mundo. É apenas o que beneficia essas cidades que é bom para mim.

45. O que acontece a cada um de nós é útil ao todo; isso deveria ser suficiente. Mas se você olhar com mais atenção, verá que, no geral, o que é útil a uma pessoa também é útil a outras. Mas aqui "utilidade" deve ser tomada em seu sentido mais comum de aplicação a coisas que não são boas nem más.

46. Assim como você sente repugnância com as exibições no anfiteatro

e lugares semelhantes, porque as mesmas coisas são vistas repetidamente, e a monotonia torna o espetáculo tedioso, você tem a mesma reação à vida como um todo; todas as coisas, de uma ponta a outra ponta, são as mesmas e procedem das mesmas. Até quando, pois?

47. Pense constantemente nas pessoas de todos os tipos, e em todos os tipos de ocupação, e em todas as variedades de raça, que morreram; e assim traga seus pensamentos para Filístio, Febo e Origânio. Agora, passe para outros grupos de pessoas. Devemos passar para lá, para onde se encontram tantos hábeis oradores, tantos filósofos veneráveis, como Heráclito, Pitágoras e Sócrates, tantos heróis do passado, e, depois, tantos generais e tiranos. Ao lado destes, Eudóxio, Hiparco, Arquimedes, outros de natureza intelectual, generosos, trabalhadores, obstinados, e que zombam da natureza transitória e efêmera da vida humana, como Menipo e pessoas assim. No que diz respeito a todas essas pessoas, pense que elas foram colocadas na terra há muito tempo. Por que seria terrível

para eles? E o que há de terrível para aqueles cujos nomes estão completamente perdidos? Portanto, há uma só coisa que é de maior valor: viver sua vida em companhia da verdade e justiça, e ser gentil com aqueles que são falsos e injustos.

48. Sempre que quiser se animar, pense nas boas qualidades de quem convive com você: como a energia no trabalho de um, a decência de outro, a generosidade de outro e alguma outra qualidade de outra pessoa. Não há nada mais satisfatório do que as imagens das virtudes exibidas no caráter daqueles que vivem com você, e agrupadas na medida do possível. Por essa razão devem ser mantidas sempre à mão.

49. Você não se incomoda do fato de pesar apenas alguns quilos e não trezentos? Então, por que se ressentir do fato de você ter que viver apenas alguns anos e não mais? Assim como você está satisfeito com a quantidade de substância que lhe foi designada, fique também satisfeito com a quantidade de tempo.

50. Tente persuadi-los; mas aja mesmo contra a vontade deles, sempre que o

princípio da justiça o levar a fazê-lo. Todavia, se alguém usar a força para se opuser a você, mude sua abordagem para aceitá-la e não se machucar, e use essa dificuldade para expressar outra virtude. Lembre-se também de que seu motivo foi formado com discrição e que você não estava visando coisas impossíveis. Pretendia o que, então? Um motivo formado com reservas. E você conseguiu isso; o que propusemos a nós mesmos está realmente acontecendo.

51. Aquele que ama a fama pensa que seu próprio bem consiste na atividade de outras pessoas; e o que ama o prazer pensa que consiste em sua própria experiência; já aquele que tem inteligência o vê como consistindo em sua própria ação.

52. É possível não formar julgamento algum e não ser perturbado em sua alma; pois as coisas em si não têm a natureza capaz de criar nossos julgamentos.

53. Adquira o hábito de prestar atenção ao que é dito por outra pessoa e, na medida do possível, entre na alma de quem fala.

54. O que não beneficia a colmeia não beneficia a abelha.

55. Se a tripulação falasse mal do capitão ou os enfermos do médico, estariam eles preocupados com outra coisa que não sua capacidade de garantir a segurança da tripulação ou a saúde dos pacientes?

56. Quantos, com os quais entrei no mundo, já se foram!

57. Para os ictéricos, o mel parece amargo; para os que sofrem de raiva, a água é aterrorizante; para as crianças, uma bola é uma coisa boa. Por que, então, estou aborrecido? Ou lhe parece que as opiniões falsas têm menos poder sobre as pessoas do que a bile sobre os ictéricos e o veneno em quem foi mordido por um animal raivoso?

58. Ninguém o impedirá de viver de acordo com a razão de sua própria natureza; nada acontecerá a você que esteja fora de sintonia com a razão da natureza comum.

59. Quem são as pessoas a quem eles desejam agradar! E por que tipo de resultados, graças a que tipo de ações! Com que rapidez o tempo cobrirá todas as coisas e quantas já cobriu!

Livro VII

1. O que é a maldade? É o que você tem visto muitas vezes. E você deve ter sempre presente o pensamento, para qualquer acontecimento, que já viu isso muitas vezes antes. Geralmente, onde quer que você olhe, encontrará as mesmas coisas. Coisas cheias de histórias antigas, mais recentes e contemporâneas, das quais estão repletas hoje as cidades e as casas. Não há nada novo. Tudo é habitual e efêmero.

2. As opiniões são coisas vivas. De que outra forma elas poderiam morrer, exceto pela extinção das imagens que lhes são correspondentes? E o reavivamento constante delas é com você. Eu sou capaz de formar o julgamento que eu deveria em relação a isso. Se sou capaz, por que ficar incomodado? Tudo o que está fora da minha inteligência não tem nenhuma relação

com minha inteligência. Aprenda isso e você estará no que é correto. É possível reviver. Olhe para as coisas novamente como você costumava olhar para elas, pois nisso consiste o reviver.

3. Procissão vazia, peças no palco, rebanhos e manadas, duelos, um osso jogado aos cães, migalhas nos tanques de peixes, formigas trabalhando e carregando, idas e voltas de ratos assustados, marionetes dançando em suas cordas. Bem, em meio a tudo isso, você deve presenciar esses espetáculos benevolamente e sem rebeldia. Mas tenha em mente que o mérito de cada um é medido pelo valor daquilo que ele valoriza.

4. No que é dito, deve-se seguir de palavra por palavra, e, em qualquer impulso, seguir seu resultado. Neste último caso, deve-se ver imediatamente a que objeto de referência pretende; no primeiro, observar atentamente o que se quer dizer.

5. Minha inteligência é suficiente para essa tarefa, ou não? Se for, uso-a para a tarefa como um instrumento que me foi dado pela natureza do todo. Se não for, ou entrego o trabalho, se for de minha

responsabilidade, a alguém mais capaz de realizá-lo, ou o faço da melhor maneira possível, pedindo ajuda a alguém que, em cooperação com meu próprio guia interior, possa alcançar o que é, neste momento, oportuno e benéfico à comunidade. O que quer que eu faça, sozinho ou em colaboração com outro, deve ter esse único foco: o benefício comum e a harmonia.

6. Quantos, que uma vez alcançaram a fama, estão agora condenados ao esquecimento! E quantos que os celebraram já há muito tempo partiram!

7. Não tenha vergonha de ser ajudado. É sua tarefa cumprir seu dever designado, como um soldado no assalto a uma muralha. E se você for vítima de ferimentos na perna e não puder subir as fortalezas sozinho, isso seria possível com a ajuda de outra pessoa?

8. Não deixe o futuro incomodá-lo. Você irá a seu encontro, se for preciso, com a mesma razão que você utiliza agora no presente.

9. Todas as coisas estão entrelaçadas entre si e o vínculo comum que as

une é sagrado. Dificilmente uma coisa é estranha à outra, porque todas estão ordenadas juntas em seus lugares e juntas formam a única ordem do mundo. Há um mundo composto de todas as coisas; um deus servindo todas as coisas; uma substância única; uma lei única; uma só razão comum em todos os seres inteligentes; e uma verdade – se é que há também uma perfeição de todos os seres do mesmo gênero compartilhando da mesma razão.

10. Tudo o que é material desaparece rapidamente na substância do todo; toda causa é rapidamente absorvida pela razão do todo; e a memória de tudo é rapidamente enterrada na eternidade.

11. Para o ser racional, agir de acordo com a natureza é também agir de acordo com a razão.

12. Direito ou endireitado.

13. Como existem os membros do corpo nos indivíduos, também os seres racionais foram criados para um único propósito em colaboração, ainda que em seres diferentes. A noção disso o atingirá com mais força se você fizer essa

reflexão consigo mesmo: "Sou um membro do corpo composto de seres racionais". Se, porém, você disser que é uma parte, com a mudança da letra L para R [de *mélos* para *méros*]⁴, você ainda não ama de coração seus semelhantes, fazer o bem ainda não lhe agrada como um fim em si mesmo; você ainda está fazendo isso como um mero dever, não como um bem para consigo mesmo.

14. Deixe que qualquer coisa externa, que assim deseje, aconteça aos que estão expostos a serem afetados por isso; pois eles, se quiserem, podem se queixar de seus sofrimentos. Mas eu mesmo ainda não fui prejudicado, a menos que eu julgue o acontecido como algo ruim; e eu posso me recusar a fazê-lo.

15. O que quer que alguém faça ou diga, devo ser um homem bom. É como se o ouro, a esmeralda ou a púrpura estivessem sempre dizendo: "O que quer que

---

4. Em grego μέλος (*mélos*) e μέρος (*méros*), "membro" e "parte". Para o todo, os membros são mais benéficos do que as partes.

alguém faça ou diga, devo ser uma esmeralda e conservar minha própria cor".

16. Meu guia interior não se perturba por si mesmo; quero dizer, por exemplo, que ele não se assusta nem se aflige. Se alguém mais pode assustá-lo ou afligi-lo, que o faça; pois ele, por si mesmo, por seu próprio julgamento, não se voltará deliberadamente para tais alterações. Preocupe-se com o corpo, na medida do possível, para evitar danos; e se sofrer, manifeste-o. A alma sensível, que sente medo ou dor, deve dizer se assim for. Mas o que, no sentido geral, pensa sobre essas considerações não sofrerá de forma alguma, pois ele próprio não se apressará em tal julgamento. Por sua mesma condição, o guia interior não tem necessidades, a menos que crie uma necessidade para si mesmo.

17. A felicidade é um ser divino benévolo ou uma bênção divina. Por que, então, ó imaginação, você está fazendo o que faz? Vá embora, em nome dos deuses, por onde veio! Não preciso de você. Você veio segundo seu antigo hábito. Eu não me aborreço com você. Apenas vá embora.

18. A mudança é temida? Bem, o que pode acontecer sem mudança? Ou o que é mais querido ou mais próximo da natureza do todo do que a mudança? Você mesmo pode tomar seu banho quente, se a lenha que aquece a água não se transformasse? Você poderia alimentar-se se os alimentos que você come não se transformassem? Qualquer outro dos benefícios da vida pode ser alcançado sem mudança? Não percebe, então, que sua própria transformação é algo similar e igualmente necessário à natureza do todo?

19. Por meio da substância do todo, passando por uma corrente, todos os corpos naturais e membros do conjunto do todo cooperam entre si. Quantos Crisipos, quantos Sócrates, quantos Epítetos já absorveram a eternidade! Este mesmo pensamento você deve possuir sobre qualquer ser humano e qualquer coisa.

20. Apenas uma coisa me inquieta: que eu mesmo não faça algo que a constituição humana não pretende, ou não pretende desta forma ou neste momento.

21. Em breve você terá esquecido todas as coisas: em breve todas as coisas terão esquecido você.

22. É da natureza humana amar mesmo aqueles que tropeçam e caem. Isso acontece quando pensa que todos os seres humanos são irmãos; que erram por ignorância, não por intenção; que em pouco tempo você e eles estarão mortos; e, acima de tudo, que o homem não te prejudicou, posto que ele não fez o seu guia interior pior do que era antes.

23. A natureza do conjunto do todo usa a substância do todo como uma cera, fazendo agora o modelo de um potro, depois, o derreteu e usando seu material para formar um arbusto; depois, um homenzinho, e depois uma outra coisa. Cada um desses seres subsiste apenas por um breve período de tempo. Não é mais difícil para um cofre ser quebrado do que ser montado.

24. Um semblante rancoroso no rosto é bem contrário à natureza e, quando se torna habitual, a expressividade começa a morrer e, até mesmo, se extingue definitivamente, de maneira que se torna

impossível seu reavivamento. Tente, ao menos, ser consciente disso, na convicção de que isso é algo contrário à razão. Pois, se até mesmo a consciência de fazer o mal se perde, que razão resta para viver?

25. Tudo o que você vê será, em um momento, mudado pela natureza que governa o todo; ela criará outras coisas a partir dessa substância, e depois outras a partir dessa outra substância, para que o mundo seja sempre jovem.

26. Quando alguém lhe faz algum mal, você deve considerar que julgamento de bem ou mal o levou a prejudicar você. Porque, uma vez que você tenha examinado isso, você sentirá compaixão dele e não sentirá surpresa ou raiva. Já que você mesmo compartilhará sua visão do bem, ou algo parecido, que ele. É preciso, portanto, perdoar. Se, por outro lado, você não mais julgar as coisas como boas ou más, será mais fácil para você ser benévolo com seu desvio.

27. Não imagines a posse do que não tem; antes, reflita sobre as maiores bênçãos que você tem no presente, e, à vista

disso, lembre-se o quanto elas teriam sido perdidas se não estivessem presentes. Mas, ao mesmo tempo, você deve ter cuidado para não deixar que seu prazer nelas o habitue à dependência, para evitar a angústia se elas, às vezes, estiverem ausentes.

28. Recolha-se em si mesmo. É da natureza do racional dirigir a mente para bastar-se a si mesmo ao agir corretamente e assim acalmando-se.

29. Apague a impressão. Pare as cordas de marionete do impulso. Defina o momento presente do tempo. Compreenda o que acontece com você ou com o outro. Analise e divida o acontecimento em seu aspecto causal e material. Pense na sua hora final. Deixe o malfeito por outro ali onde começou.

30. Compare o pensamento com o que está sendo dito. Deixe sua mente entrar no que está acontecendo e nas causas que o produzem.

31. Faça distinguir em você mesmo a simplicidade, a integridade e a indiferença a tudo o que está entre a virtude e o vício. Ame a humanidade. Siga o

divino. Aquele homem[5] diz: "Tudo é convencional, apenas os elementos são absolutos e reais". Basta você se lembrar que nem tudo é convencional, mas poucas coisas.

32. Sobre a morte: ou é dispersão, se existem átomos; ou extinção ou mudança, se existe uma unidade.

33. Sobre a dor: a dor insuportável nos mata, a dor crônica pode ser suportada. A inteligência preserva sua própria serenidade retirando-se, e o guia interior não é prejudicado pela dor. Cabe às partes feridas pela dor se manifestarem se puderem.

34. Sobre a fama: observe sua mente, a natureza de seus pensamentos e o que eles procuram ou evitam. E veja que, assim como as dunas se sobrepõem constantemente à areia anterior, em nossas vidas o que fizemos uma vez é rapidamente coberto por camadas posteriores.

35. E para aquele pensamento que, cheio de grandeza, tem uma visão de todos os tempos e todos os seres, você acha que a vida humana parecerá de grande impor-

---

5. Demócrito.

tância? "Impossível", disse. Então, tal homem também não pensará que há algo de terrível na morte? "Certamente não".

36. "É dever de um rei fazer o bem e escutar calúnias."

37. É vergonhoso que o rosto seja tão obediente, modelando e ordenando sua expressão como a mente ordena, e que, em troca, ela seja incapaz de impor sua própria forma e ordem a si mesma.

38. "Não devemos nos irritar com as coisas, pois a elas nada importa."

39. Que você dê alegria aos deuses imortais e alegria a nós!

40. Colher a vida assim como uma espiga de milho madura, e que uma existe, a outra não.

41. Se os deuses me esqueceram e esqueceram meus filhos, também isso tem sua razão.

42. O bem está comigo, assim como o justo.

43. Não se associe a suas lamentações, nem a seus estremecimentos.

44. "Mas eu poderia dar a este homem uma resposta justa. Eu diria: "Você está enganado, ó homem, se você pensa que alguém deve levar em conta o risco de viver ou morrer, e não ter como única consideração, em qualquer ação, se ele está fazendo o certo ou errado, ou se o ato é próprio de um homem bom ou mau".

45. "A verdade da questão, ó homens atenienses, é esta. Qualquer que seja a posição que um homem tenha assumido em seu próprio julgamento, ou seja designada por seu comandante, parece-me que ele deve ali permanecer e enfrentar o perigo, sem pensar, em absoluto, na morte ou em qualquer outra coisa antes da desonra."

46. Mas, meu caro amigo, considere possível que nobreza e virtude são algo diferente de salvar a vida de alguém ou tê-la salva. Porque o ser humano não deve preocupar-se com a duração da vida, muito menos ter demasiado apego a ela, mas deve deixar tudo isso para as divindades e acreditar no que as mulheres dizem, que ninguém nunca escapa do dia de seu destino. Seu pen-

samento deve estar em como melhor viver sua vida durante o tempo que viverá.

47. Observe o movimento dos astros, como se você estivesse evoluindo com seus cursos, e considere constantemente as mudanças dos elementos entre si. Tais impressões purificam a sujeira da vida eterna.

48. Belo é o texto de Platão: "é necessário que aquele que faz discursos sobre os homens observe com atenção também o que acontece na terra, como se olhasse do alto de um morro: rebanhos, exércitos, fazendas, casamentos, separações, nascimentos, mortes, o burburinho dos tribunais, lugares desertos, várias nações estrangeiras, festivais, funerais, mercados públicos; toda a mistura e a harmonia que vêm dos contrários".

49. Observe os acontecimentos passados, e todas aquelas muitas mudanças que se fazem agora. E, assim, você também pode prever o futuro. Porque será completamente igual, incapaz de se desviar do ritmo do que acontece no presente. Em consequência, para a investigação da vida humana, quarenta anos equivalem a dez mil, pois o que mais você verá?

50. "Enquanto aquilo que nasceu da terra à terra retorna, aquilo que cresceu de uma semente etérea retorna para de onde veio, para o céu." Ou então isto: uma dissolução do entrelaçamento de átomos e dispersão semelhante dos elementos irredutíveis.

51. "Com comida, bebidas e feitiços, buscando desviar o curso para não morrer". "O vento impulsionado pelos deuses devemos suportar, entre sofrimentos sem lamentos".

52. É melhor lutador; mas não mais generoso para com os cidadãos, nem mais decente, nem mais disciplinado às circunstâncias, nem mais benévolo para com as falhas dos vizinhos.

53. Onde uma tarefa pode ser realizada de acordo com a razão que os deuses e os homens compartilham, não há nada a temer; onde há a possibilidade de se beneficiar de uma ação que segue o caminho certo, seguindo sua própria constituição, não deve haver, ali, suspeita de prejuízo.

54. Em todos os lugares, e em todo momento, cabe a você honrar os

deuses em contentamento com sua situação atual, tratar os homens que são sua companhia atual com justiça e pensar abundantemente em cada impressão presente em sua mente, para que nada escape além do seu entendimento.

55. Não olhe ao redor para os guias interiores de outras pessoas, mas continue olhando para onde a natureza está conduzindo você, tanto a natureza do conjunto do todo, por meio do que acontece com você, como sua própria natureza, no que você deve fazer por si mesmo. Cada ser deve fazer o que segue de sua própria constituição. Os demais seres são constituídos para servir aos seres racionais, assim como tudo que é mais inferior existe para o superior, mas os seres racionais estão aqui para servir uns aos outros. Assim, o princípio principal na constituição humana é a sociabilidade. O segundo é a resistência às paixões da carne, pois é propriedade específica do movimento racional e inteligente isolar-se e nunca ser influenciado pela atividade dos sentidos ou impulsos; ambos são de natureza animal, e é o objetivo da atividade inteligente

ser soberana sobre eles e nunca ser subjugada por eles e, com razão, pois é da própria natureza da inteligência colocar todas essas coisas em seu próprio uso. O terceiro elemento em uma constituição racional é um julgamento sem precipitação e sem engano. Portanto, deixe seu guia interior se apegar a esses princípios e seguir o caminho reto à frente; então ele terá o que a ele pertence.

56. Como um homem que já morreu e que não viveu até esse momento, você deve passar o resto de sua vida como a natureza orienta.

57. Amar apenas o que lhe acontece e está destinado a você. Pois, o que poderia melhor adaptar-se a você?

58. Em todos os acontecimentos, mantenha em mente aqueles aos quais lhes aconteciam as mesmas coisas e logo se afligiram, estranhavam-se e censuravam. Então, onde eles estão agora? Lugar algum. Bem, então, você quer agir de igual modo? Por que não deixar essas atitudes e as mudanças aos outros que as provocam e as sofrem, e concentrar-se inteiramente em como fazer uso desses acontecimentos? Você

então os usará bem, e eles serão matéria-prima em suas mãos. Apenas tome cuidado e busque o seu próprio bem em tudo o que você faz. Lembre-se destas duas coisas: o que importa são os atos, não os resultados.

59. Cave dentro de você. Dentro há uma fonte de bondade pronta para jorrar a qualquer momento, se você continuar cavando.

60. O corpo também deve permanecer fixo e não se distorcer, nem no movimento nem no repouso. Pois, assim como a mente se manifesta no rosto, mantendo-o harmonioso e atraente, algo semelhante deve ser exigido de todo o corpo. Mas tudo isso deve ser realizado sem preocupação.

61. A arte de viver assemelha-se mais à luta livre do que à dança, na medida em que está pronta para o que vier, inclusive imprevistos.

62. O tempo todo você deve considerar quem são essas pessoas cujo testemunho você deseja e quais são os guias interiores que as dirigem. Quando você olha para as fontes de seu julgamento e impulso, você não culpará o erro involuntá-

rio deles, nem terá necessidade de seus testemunhos.

63. "Toda alma", dizem, "se vê privada, contra sua vontade, da verdade". O mesmo vale para a justiça, a prudência, a bondade e todas essas virtudes semelhantes. É essencial que mantenha isso constantemente em sua mente; isso o tornará mais gentil com todos.

64. Em qualquer caso de dor, reflita: a dor não é um mal moral e não prejudica a inteligência que me governa; a dor não pode prejudicar sua natureza racional ou social. Na maioria dos casos de dor, você também deve ser ajudado ao lembrar-se do que diz Epicuro: "A dor não é insuportável nem eterna, desde que você se lembre de seus limites e não a exagere em sua imaginação". Lembre-se, também, de que muitas coisas que achamos desagradáveis são análogas ao não reconhecimento da dor, como a sonolência, o calor excessivo e a perda de apetite. Então, quando você se queixar de qualquer uma dessas coisas, diga a si mesmo: "Você está cedendo à dor".

65. Tome cuidado para nunca tratar os homens não humanos como eles tratam a humanidade.

66. De onde sabemos que o caráter de Telauges não o tornou um homem melhor do que Sócrates? Não basta o fato de que Sócrates tenha tido uma morte mais gloriosa, nem que tenha argumentado mais habilmente com os sofistas, nem que tenha demonstrado maior resistência em passar uma noite inteira na geada, nem que tenha sido mais corajoso em sua decisão de recusar a ordem de prender Salaminio nem que ele tenha se gabado nas ruas – embora se possa questionar se isso é verdade. Não, o que precisamos investigar é a natureza da alma de Sócrates. Devemos perguntar se ele foi capaz de se contentar com uma vida de justiça mostrada aos homens e piedade em relação aos deuses, sem condenar todos os vícios nem bajular a ignorância de ninguém, ou ainda sem considerar nada que lhe tenha sido atribuído pelo todo como um mal colocado nele ou um fardo esmagador para suportar e sem ter dado ocasião de sua mente para compartilhar as paixões da carne.

67. A forma como a natureza misturou você no todo composto não o impede de fixar um limite ao seu redor e manter o que é seu sob seu próprio controle. Pois é bem possível converter-se em um ser divino e não ser reconhecido por ninguém. Lembre-se sempre isto: a vida feliz depende de muito pouco. E não pense que, só porque você desistiu de se tornar um filósofo ou um cientista, você deve renunciar a ser livre, livre, íntegro, sociável e obediente aos deuses.

68. Viva a sua vida sem violência e com o máximo contentamento, mesmo que todos estejam clamando o que quiserem contra você, e mesmo que as feras estejam arrancando os membros deste pobre pedaço de corpo acumulado ao seu redor. O que, em tudo isso, impede a mente de se preservar na tranquilidade, no verdadeiro julgamento do que acontece em seu entorno e na prontidão para fazer uso do que está em seu alcance? De modo que seu juízo possa dizer à circunstância: "Isto é o que você realmente é, por mais diferente que possa parecer convencionalmente";

e teu uso possa dizer à circunstância: "Eu estava procurando por você. Pois sempre tomo o momento presente como matéria-prima para o exercício da virtude racional e social e, resumindo, para a arte humana ou divina". Porque um deus ou um homem pode assimilar qualquer coisa que aconteça, e nem é novo nem é difícil de manejar, mas conhecido e fácil de manejar.

69. Perfeição de caráter consiste nisso: viver cada dia como se fosse o último, sem inquietação, sem apatia, sem hipocrisias.

70. Os deuses, que são imortais, não se irritam de sua necessidade, durante toda a eternidade, de tolerar, repetidamente, os malvados, que são de tais características e numerosos; além disso, eles preocupam-se uns com os outros de todas as maneiras. E você, que está a ponto de sair [da vida], se recusa a fazer um esforço, e isso sendo você um desses seres malvados?

71. É ridículo não fugir dos próprios vícios, o que é possível, e não tentar escapar dos vícios dos outros, o que é impossível.

72. O que quer que a faculdade racional e social não considere inte-

ligente nem para o bem comum, ela julga, com razão, inferior a ela mesma.

73. Quando você fez o bem e outro se beneficiou, por que você ainda procura, como fazem os tolos, uma terceira coisa além disso? Quer fama por boas obras ou um retorno?

74. Ninguém se cansa de receber favores, e a ação de fazer favores está de acordo com a natureza. Não se canse do favor recebido pelo favor concedido.

75. A natureza do todo se propôs a criar o mundo. Então, agora, ou tudo o que vem a ser brota disso como consequência lógica, ou mesmo os objetivos primários aos quais a mente diretora do universo define seu próprio impulso são irracionais. Lembrar-se disso o fará, em muitos aspectos, mais sereno.

Livro VIII

1. Isso também o leva a desdenhar a vanglória, o fato de que já perdeu a chance de viver toda a sua vida, ou pelo menos sua vida adulta, como um filósofo. De fato, ficou claro para muitos, inclusive você mesmo, que você está afastado da filosofia. Você está, pois, confuso, então é difícil para você agora ganhar a reputação de um filósofo e, além disso, sua posição na vida é um pressuposto contrário. Portanto, se você tem uma percepção verdadeira de como as coisas estão, abandone qualquer preocupação com a reputação e fique satisfeito se você puder viver o resto de sua vida, o que resta dela, da maneira que sua natureza desejar. Você deve considerar, então, quais são esses desejos, e então não deixar que nada mais o distraia. Você sabe, por experiência própria, que em todas as suas

andanças você não encontrou a vida boa em nenhum lugar, nem nas argumentações lógicas, nem na riqueza, nem na glória, nem no prazer – em nenhum lugar. Onde, então, pode ser encontrada? No fazer o que a natureza humana exige. E como conseguir isso? Possuindo princípios para governar seus impulsos e ações. Quais são esses princípios? Os que concernem ao bem e ao mal, na crença de que nada é bom para um ser humano que não o torne justo, autocontrolado, corajoso e livre; e nada mau que não o torne o oposto disso.

2. Em cada ação, pergunte a si mesmo: "como isso se relaciona a mim? Devo me arrepender? Em pouco tempo estarei morto e todas as coisas terão desaparecido. O que mais eu quero, se essa presente ação é própria de um ser inteligente, sociável e sujeito à mesma lei divina?

3. Alexandre, César e Pompeu – o que foram em comparação a Diógenes, Heráclito, Sócrates? Esses homens viam a realidade, suas causas e seu material, e seus guias interiores eram seus próprios mestres. Quanto aos primeiros, quantas

coisas ignoravam, de quantas coisas eram escravos!

4. Eles farão nada mais do que as mesmas coisas, ainda que as faça em pedaços.

5. Primeiro, não se confunda; todas as coisas seguem a natureza do todo, e dentro de pouco tempo você não será ninguém em nenhuma parte, assim como Adriano e Augusto que agora são ninguém. Em seguida, concentre-se no assunto em questão e veja o que é. Lembre-se de seu dever de ser um bom homem e ser o que a natureza do homem exige, e, então, faça isso de forma direta e inabalável, ou diga o que você acha melhor; somente com bondade, integridade e sem hipocrisia.

6. O trabalho da natureza do todo é transportar o que está aqui e ali, mudar as coisas, tirá-las daqui e levá-las para lá. Todas as coisas são mutações, mas também há igualdade em sua distribuição. Tudo é igual, mas também são equivalentes aos propósitos.

7. Toda natureza se realiza consigo mesma quando segue o caminho certo. Para uma natureza racional, o cami-

nho certo é não dar consentimento nem ao que é falso ou incerto nas impressões feitas em sua mente, e direcionar seus impulsos apenas para a ação útil à comunidade, e reservar seus desejos e aversões que dependem exclusivamente de nós mesmos, e acolher tudo que lhe é atribuído pela natureza comum. Porque é uma parte dela, assim como a natureza da folha é parte da natureza da planta, exceto que, nesse caso da folha, sua natureza é parte de uma natureza que carece de sensação ou razão e capaz de ser interrompida, enquanto a natureza do homem é parte de uma natureza que é livre de obstáculos, inteligente e justa, na medida em que a cada ser recebe, segundo seu mérito, sua parte apropriada de tempo, substância, causa, atividade e experiência. Mas não procure encontrar uma equivalência de uma coisa isolada com outra isolada, mas sim uma equivalência geral, se comparar a totalidade de uma coisa com o conjunto de outra.

8. Não é possível conhecer bem as coisas. Todavia, é possível controlar a arrogância; é possível estar acima dos

prazeres e das dores; é possível elevar-se acima da mera glória; é possível não ficar irritado com os insensíveis e ingratos, e até mais do que isso, é possível preocupar-se com eles.

9. Que ninguém mais o ouça culpar a vida na corte, nem sequer você mesmo.

10. O arrependimento é uma certa censura de si mesmo por ter perdido algo útil. O bem deve ser algo útil e de interesse para a pessoa que é totalmente boa. Nenhuma pessoa totalmente boa se arrependeria de desdenhar um prazer. Logo, o prazer não é útil nem bom.

11. O que é essa coisa em si mesma, em sua própria constituição? Quais são suas substâncias e seu material? Qual é sua causa? Qual é a sua função no mundo? Qual é a sua duração?

12. Quando você estiver relutante em acordar de seu sono, lembre-se de que é sua constituição e a natureza do homem realizar atos úteis à comunidade, enquanto dormir é algo comum aos seres irracionais. Além disso, o que está de acordo com a natureza de cada ser lhe resulta

mais íntimo, mais natural em sua essência e, na verdade, mais agradável.

13. Explique constantemente, se for possível, suas impressões mentais individualmente, partindo dos princípios da natureza, das paixões, da dialética.

14. Sempre que conhecer alguém, faça a si mesmo esta reflexão: "que crenças essa pessoa tem sobre o bem e o mal?". Porque se ela acredita uma coisa ou outra sobre prazer e dor e seus constituintes, sobre fama e infâmia, sobre morte e vida, então não me parecerá surpreendente ou estranho se ela agir desta ou daquela maneira, e lembrarei que ela não tem escolha senão agir desse modo.

15. Lembre-se que, assim como seria um absurdo surpreender-se com uma figueira que produz figos, também é um absurdo surpreender-se com um mundo que produz determinados frutos dos quais é portador. Igualmente absurdo seria um médico se surpreendendo com a febre em um paciente ou um capitão de navio com um vento contrário.

16. Lembre-se de que mudar de critério ou aceitar a correção deixa você tão livre quanto antes. A ação é sua, impulsionada por seu próprio impulso e julgamento e, além disso, é de acordo com sua própria inteligência.

17. Se algo depende de você, por que fazê-lo? Mas se depender de outro, em quem você coloca a culpa? Nos átomos ou nos deuses? Qualquer um é loucura. Não há culpa. Porque, se puder, corrija-o; se não puder, ao menos corrija a ação em si. Se isso também não for possível, de que adianta irritar-se? Nada deve ser feito sem propósito.

18. O que morre não sai do mundo. Se permanece aqui, aqui é mudado e aqui se dissolve em seus elementos próprios, que são os elementos do mundo e de você mesmo. Estes elementos também mudam, e não resmungam.

19. Cada coisa veio a existir para um propósito – um cavalo, uma videira. Por que se surpreende? Até o sol dirá: "Eu vim a existir para um propósito, assim como os outros deuses". Com que propósito,

então, você veio a existir? Para o prazer? Basta ver se essa ideia é tolerável.

20. A natureza comanda, ao fim de cada coisa, nada mais do que seu princípio e sua duração, assim como alguém que joga uma bola. O que, então, pode ser bom para a bola na subida e ruim na descida, ou mesmo quando cai? O que pode ser bom para uma bolha quando ela se forma e ruim quando estoura? E o mesmo pode ser dito em relação à tocha.

21. Gire-o e contemple como é, o que se torna depois de envelhecer, adoecer e morrer. A vida é curta tanto para o que elogia quanto para o elogiado, tanto para o que lembra quanto para o que é lembrado. Além disso, em apenas um canto dessa região, mesmo aqui, nem todos estão sintonizados entre si, ou mesmo um indivíduo consigo mesmo. E toda a terra é um mero ponto.

22. Concentre-se no assunto, no ato em questão, no princípio ou no significado. Você merece o sofrimento que está passando, pois prefere ser bom amanhã do que ser bom hoje.

23. Estou fazendo algo? Eu faço isso com referência ao benefício da humanidade. Algo acontecendo comigo? Eu aceito em referência aos deuses e à fonte da qual todas as coisas surgem.

24. Assim como você se parece no seu banho – óleo, suor, sujeira, água gordurosa, tudo que é nojento –, assim é cada parte da vida e cada objeto que nos é oferecido.

25. Lucila enterrou Verus; depois, Lucila foi enterrada. Segunda enterrou Máximo; depois, Segunda foi enterrada. Foi assim também com Epitincano e Diótimo, e com Antonino e Faustina. A mesma coisa sempre. Celer viu Adriano em seu túmulo, depois foi para seu próprio túmulo. Onde estão eles agora, essas pessoas talentosas e perspicazes, esses profetas ou presunçosos? Certamente Carax, Demétrio, o Platônico, Eudemão e outros como eles eram talentosos. Todas as coisas são efêmeras, mortas há muito tempo. Alguns não são lembrados nem mesmo brevemente, alguns se transformaram em lendas e alguns estão desaparecendo até mesmo das lendas. Portanto, lembre-se disso: será

necessário que a composição de seu corpo se disperse, que seu sopro vital se extinga ou então mude de lugar e se estabeleça em outra parte.

26. A alegria do homem é fazer o trabalho próprio do homem. E o trabalho próprio do homem é a benevolência para com seus semelhantes, o desprezo pelas agitações dos sentidos, o discernimento das impressões em que pode confiar, a contemplação da natureza do todo e de todas as coisas daí decorrentes.

27. Três são as relações: a com o nosso ambiente; a com a causa divina, que é a fonte de tudo o que acontece a todos os homens; e a com os que vivem conosco.

28. A dor é um mal tanto para o corpo – que a manifesta – quanto para a alma. Mas a alma pode preservar sua própria serenidade e calma, não avaliando a dor como um mal. Todo julgamento, impulso, desejo e rejeição está dentro da alma, onde nada de mal pode penetrar.

29. Apague as impressões em sua mente dizendo constantemente a si mesmo: "está em meu poder agora man-

ter esta minha alma livre de qualquer vício ou paixão, ou qualquer outra perturbação; mas contemplando todas as coisas tal como são, sirvo-me de cada uma de acordo com seus méritos". Lembre-se deste poder que a natureza lhe dá.

30. Fale, seja no Senado ou para qualquer pessoa, de forma decente e direta. Use uma linguagem sadia.

31. A corte de Augusto – sua esposa, sua filha, seus netos, seus descendentes, sua irmã, Agripa, seus parentes, seus familiares, seus amigos, Areio, Mecenas, seus médicos, seus encarregados pelos sacrifícios – é uma corte inteira morta. E do mesmo modo às demais [...], onde não é a morte de apenas um indivíduo, mas de toda uma família, como, por exemplo, os Pompeus. Considere aquilo que costuma ser gravado nas lápides: "O último de sua linhagem". Basta pensar em toda a inquietação das gerações anteriores para deixar um sucessor, e então existir um último; novamente, aqui, há a morte de uma família inteira.

32. Você deve regrar sua vida ação por ação, e ficar satisfeito se cada ação

alcançar seu próprio fim da melhor maneira possível. Ninguém pode impedi-lo dessa conquista. "Mas haverá algum obstáculo externo." Nenhum obstáculo, porém, referente à justiça, ao autocontrole e à razão. "Mas talvez alguma outra ação encontre obstáculos." Aceite de bom grado a obstrução como ela é, faça uma mudança justa para atender à circunstância dada, e outra ação imediatamente substituirá e entrará em harmonia com a composição de sua vida, conforme dito.

33. Aceite humildemente, desprenda-se facilmente.

34. Se você já viu uma mão amputada, um pé decepado, ou uma cabeça cortada e jogada longe do resto do corpo. Algo parecido é o que alguém faz a si mesmo, tanto quanto pode, quando não aceita o que acontece e separa-se da sociedade ou faz algo contrário ao bem comum. De alguma forma, você se excluiu da unidade da natureza, pois você nasceu parte dela, mas agora você mesmo se isolou. No entanto, a natureza é tão admirável que é possível unir-se a ela novamente. Nenhuma outra parte tem esse privilégio divino, de

se reunir novamente uma vez que foi separada e cortada. Apenas considere a graça do favor divino para com o homem. Em suas mãos foi colocada a possibilidade de não ser separado do todo, e também, uma vez separado, a possibilidade de retornar e combinar-se em um todo, reassumindo seu papel como membro.

35. Assim como a natureza dos seres racionais é a fonte de todas as outras faculdades em cada um, assim também recebemos dela essa faculdade. Pois, da mesma forma que a natureza transforma em seu próprio propósito tudo o que se opõe ou resiste, colocando-o na ordem predestinada das coisas e fazendo-o parte de si mesma, assim também o ser racional pode converter todo obstáculo em material de si mesmo e servir-se dele, para promover qualquer que fosse o seu propósito original.

36. Não deixe que a imaginação de sua vida o confunda. Não coloque seu pensamento em todos os vários problemas que podem ter ocorrido no passado ou podem ocorrer no futuro. Apenas pergunte a si mesmo em cada uma das fadigas do

presente: "o que há nesta ação que eu não posso suportar ou apoiar?" Você terá vergonha de fazer tal confissão. Então se lembre de que não é o futuro nem o passado que pesa sobre você, mas sempre o presente; e o fardo do presente diminui se você puder isolá-lo e acusar sua mente de fraqueza caso ela não possa resistir a algo assim insignificante.

37. Pantea e Pérgamo estão agora sentados junto ao túmulo de Verus? Ou Cabrias ou Diótimo ao de Adriano? Ridículo! E mesmo se eles estivessem sentados lá, os mortos estariam cientes? E se eles estivessem cientes, ficariam satisfeitos? E se eles estivessem satisfeitos, isso tornaria imortais aqueles em luto? Não era seu destino também que primeiro chegariam a ser velhos e velhas, para depois morrerem? E com eles mortos, o que aqueles que choram por eles fariam então? Isso tudo é fedor e corrupção em um só saco.

38. Se você é capaz de olhar com nitidez, olhe e julgue, como diz o poeta[6], com a máxima sabedoria.

---

6. Epíteto.

39. Na constituição do ser racional não vejo virtude que se opõe à justiça, mas vejo o que se opõe ao prazer: a temperança.

40. Se você eliminar sua opinião sobre qualquer coisa que pareça dolorosa, você mesmo ficará bastante imune à dor. "Quem é você mesmo?" A razão. "Mas eu não sou a razão." Seja! Portanto, deixe sua razão não causar dor a si mesma, e se alguma outra parte de você estiver com problemas, ela poderá formar seu próprio julgamento por si mesma.

41. Um obstáculo à sensação é prejudicial à natureza animal. Um obstáculo ao instinto é igualmente prejudicial à natureza animal. Existe, além disso, algo igualmente obstrutivo e prejudicial à constituição das plantas. Segue-se, assim, que um obstáculo à mente é prejudicial à natureza inteligente. Agora aplique todas essas considerações a si mesmo. A dor ou o prazer estão afetando você? A sensação o examinará. Você formou algo instintivamente e então encontrou algum obstáculo? Se este foi um objetivo incondicional, então, sim, o obstáculo prejudica sua natureza racional;

mas se você recobrar a inteligências, nenhum dano ou impedimento será causado. Ninguém mais impedirá as funções apropriadas da mente a não ser ela mesma. A mente não pode ser tocada por fogo, aço, tirania, calúnia ou qualquer outra coisa, uma vez que se tornou "um círculo perfeito na solidão".

42. Não mereço causar dor a mim mesmo; pois nunca machuquei conscientemente ninguém.

43. Um se alegra de uma maneira, outro de outra. Quanto a mim, se mantenho meu guia interior saudável, me alegro por não negar nenhum ser humano ou circunstância humana, mas olhar todas as coisas com olhos bondosos, aceitando e usando cada coisa de acordo com seu mérito.

44. Olhe e acolha com agrado para você mesmo o tempo presente. Aqueles que mais perseguem a fama póstuma não sabem que a próxima geração terá pessoas exatamente como aquelas que eles não gostam agora; e eles também morrerão. O que, afinal, significa para você que

eles repitam nas vozes futuras teu nome ou que tenham tal opinião sobre você?

45. Pegue-me e coloque-me onde quiser! Onde quer que eu pouse, manterei o deus dentro de mim feliz, isto é, satisfeito, se a atitude e a ação seguirem sua própria constituição. Esta coisa presente é uma boa razão para minha alma estar mal, desordenada, desejosa, agitada? Você encontrará alguma boa razão para isso?

46. A nenhum homem pode acontecer algo que não seja natural do ser humano, nem a um boi que não seja próprio da natureza dos bois, nem a uma videira algo que não seja próprio da natureza das videiras, nem a uma pedra o que não seja próprio da natureza das pedras. Então, se cada coisa experimenta o que é normal e natural para ela, por que você se incomoda? A natureza comum não infligiu nada que você não pudesse suportar.

47. Se você se aflige por alguma causa externa, não é a coisa em si que o incomoda, mas seu próprio julgamento sobre ela – e você pode apagar isso imediatamente. Se é algo em sua própria disposição

que o aflige, quem o impede de corrigir sua visão? Da mesma forma, se você se aflige por não realizar alguma ação que considera saudável, por que não a coloca em prática em vez de se preocupar? "Mas há um obstáculo no caminho maior que eu". Não há motivo para aflição, pois a razão do fracasso não está em você. "Mas a vida não vale a pena ser vivida se eu não executar isso." Então, você deve partir desta vida, tão gracioso na morte quanto alguém que alcança seu propósito, e em paz, também, como aqueles que ficaram em seu caminho.

48. Lembre-se de que seu guia interior se torna invencível quando se retira para sua própria autossuficiência, não fazendo nada que não queira, mesmo que sua posição não seja razoável. O que, então, acontecerá quando o julgamento que ela forma é raciocinado e deliberado? É por isso que uma mente livre de paixões é uma fortaleza; pois as pessoas não têm um lugar de refúgio mais fortificado no qual possa refugiar-se e ser inexpugnável. Quem não percebeu isso é um ignorante; quem

percebeu e não se refugiou é um infeliz. tem falta de fortuna.

49. Não diga para si mesmo outra coisa além do que suas primeiras impressões relatam. Você foi informado de que fulano de tal está difamando você. Esse é o anúncio. Mas você não foi informado que dano sofreu. Vejo que meu filho está doente. É isso que vejo. Mas não vejo que ele esteja em perigo. Portanto, mantenha-se sempre assim nas suas primeiras impressões e não acrescente conclusões de seus próprios pensamentos e nada acontecerá com você. Ou melhor, você pode adicionar a conclusão de alguém familiarizado com tudo o que acontece no mundo.

50. O pepino é amargo? Jogue-o fora. Espinhos no caminho? Desvie-se deles. Isso é tudo que você precisa, sem perguntar "por que essas coisas estão no mundo, afinal?" Essa pergunta seria ridicularizada por alguém que estuda a natureza, assim como qualquer carpinteiro ou sapateiro riria de você se você os condenasse por terem aparas ou sobras de seu trabalho no chão de fábrica. Eles têm onde jogar seu lixo,

enquanto a natureza do todo não tem nada fora de si mesma; a maravilha dessa arte é que ela estabelece seus próprios limites e reutiliza em si mesma tudo o que nela parece estar se decompondo, envelhecendo ou perdendo seu uso, e então cria de novo a partir desse mesmo material. Desta forma, não requer outra substância além da sua própria e não precisa de um lugar para colocar esses desperdícios. Portanto, se conforma com seu próprio espaço, seu próprio material e sua própria arte.

51. Não seja negligente em suas ações, nem confuso na comunicação, nem vago no pensamento. Não pressione sua alma nem se disperse, nem no transcurso da vida estejas excessivamente ocupado. Eles matam, despedaçam, perseguem com maldições. Que relevância isso tem para manter sua mente pura, sã, sóbria, justa? Como se um homem chegasse a uma fonte de água cristalina e doce, e a amaldiçoasse; nem por isso ela deixa de brotar água boa para beber. Ainda que se jogue lama ou esterco, em pouco tempo a fonte os dispersará, deles se libertará e não ficará manchada.

Como, então, você pode garantir uma fonte eterna e não um simples poço? Mantendo-se sempre focado na liberdade com benevolência, simplicidade e modéstia.

52. Aquele que não o que é o mundo não sabe onde está. Aquele que não conhece o propósito de ter nascido não sabe quem ele é ou o que é o mundo. Aquele que esqueceu uma só dessas coisas também não poderia dizer o propósito de sua própria existência. Então, o que você acha do homem que teme ou corteja os aplausos dos que não têm ideia de onde estão ou quem são?

53. Você quer o elogio de um homem que se amaldiçoa três vezes a cada hora? Você quer agradar um homem que não consegue agradar a si mesmo? Pode um homem agradar a si mesmo quando se arrepende de quase tudo o que faz?

54. Não respire apenas o ar que o rodeia, mas pense, também, a partir de agora, em conjunção com a mente que abrange todas as coisas. O poder da mente se espalha por toda parte e permeia não apenas no ar, está lá para todos que querem

absorvê-lo, assim como o ar para quem é capaz de respirar.

55. Geralmente, a maldade não faz mal ao mundo. Particularmente, a maldade não causa danos ao destinatário; é prejudicial apenas a quem foi permitido renunciar a ele, assim que o deseje.

56. À minha vontade determinante, a vontade do meu próximo é tão indiferente quanto sua respiração e seu corpo. Porque nascemos, acima de tudo, para o bem uns dos outros, no entanto, o guia interior de cada um de nós tem sua própria soberania. Caso contrário, a maldade do meu próximo seria meu próprio dano; e esta não era a intenção do divino, deixar que outro me torne feliz.

57. O sol parece se derramar e, de fato, sua luz se derrama em todas as direções, mas não se esgota. Esse derramamento é extensão; assim, seus feixes são chamados de raios, porque procedem de "estender-se"[7]. Você pode ver o que é um raio de sol

---

7. O termo para "raios de sol", em grego, é ἀκτῖνες (*aktînes*) e procede do verbo

se observar sua luz entrando em uma sala escura através de uma abertura estreita. Ele se estende em linha reta e se apoia, por assim dizer, em qualquer corpo sólido em seu caminho que bloqueie a passagem pelo ar do outro lado. Ele ali se instala e não escorrega nem cai. Algo semelhante acontecerá com a difusão e a dilatação da inteligência, sem esgotar-se em nenhum caso, mas sim estender-se. E não haverá nada de forte ou violento em seu impacto sobre os obstáculos que encontrar; não cairá, mas se estabelecerá ali e iluminará o que o recebe. Porque se privará do resplendor o objeto que o desdenhe.

58. Aquele que teme a morte teme a insensibilidade ou outro tipo de sensação. Agora, se você já não percebe a sensibilidade, também não perceberá nada de ruim. Se você assumir uma sensibilidade diferente, será um ser diferente e não deixará de viver.

ἐκτείνεσθαι (*ekteínesthai*), que significa "estender-se", "prolongar-se", "escoar-se".

59. Os homens nasceram uns para os outros. Então, ou ensine-os ou tolere-os.

60. Uma flecha segue para um lado, a mente para outro. No entanto, mesmo quando está em alerta ou circulando em torno de uma investigação, a mente se move em linha reta e segue direto em direção a seu objetivo.

61. Entre no guia interior de cada um e permita que qualquer outra pessoa entre em seu guia interior.

Livro IX

1. Aquele que comete injustiça é profano. Uma vez a natureza do todo constituiu seres racionais em benefício uns dos outros, para beneficiar conforme o mérito, mas nunca para prejudicar, quem contraria a sua vontade é claramente culpado de sacrilégio contra a mais antiga das divindades. Também, aquele que mente é ímpio com a mesma divindade, porque a natureza do todo é a natureza da realidade, à qual toda a existência presente está relacionada. O nome dessa divindade é Verdade, e ela é a causa original de tudo o que é verdadeiro. O mentiroso consciente peca na medida em que seu engano causa injustiça; já o mentiroso inconsciente peca na medida em que está em discordância com a natureza do todo e não sem culpa luta contra ela. E é lutando que se deixa levar em oposi-

ção à verdade, pois recebeu os recursos da natureza e os ignorou, e agora é incapaz de distinguir o falso do verdadeiro. Além disso, é profano também aquele que busca o prazer como se fosse um bem e evita a dor como se fosse um mal. Alguém assim deve inevitavelmente e frequentemente culpar a natureza do todo pela distribuição injusta dos méritos, uma vez que os homens maus são muitas vezes mergulhados nos prazeres e nas posses que produzem prazer, enquanto os bons muitas vezes enfrentam a dor e as circunstâncias que causam dor. Além disso, quem teme a dor também às vezes tem medo de algum evento futuro no mundo, e isso é um pecado imediato. E aquele que persegue o prazer não deixará de cometer injustiça; e isso é obviamente um sacrilégio. Portanto, aqueles que desejam seguir a natureza e compartilhar sua mente devem ser indiferentes àqueles pares de opostos aos quais a natureza do todo é indiferente; pois ela não criaria esses opostos se não fosse indiferente de qualquer maneira. Assim, quem não é indiferente à dor e ao prazer, à morte e à vida, à fama e à obscuridade – coisas que a natureza do todo trata com indiferença – está claramente cometendo um sacrilégio. Por "coisas que a natureza do todo trata com indiferença" quero dizer que elas acontecem imparcialmente por causa e efeito a tudo o que vem a ser ao acaso devido ao cumprimento de um impulso original da Providência. Sob esse impulso, a Providência partiu de uma primeira premissa para estabelecer a ordem atual do universo, mediante a combinação de certas razões das coisas futuras e determinados poderes criadores das substâncias, transformações e sucessões desse tipo.

2. Um homem de bom senso deixaria a companhia dos homens sem jamais provar falsidade, hipocrisia de qualquer tipo, excesso ou orgulho. O melhor curso é pelo menos criar asco desses vícios antes de seu último suspiro. Ou prefere estar envolvido nesses vícios? Sua experiência ainda não o persuadiu a evitá-los? Porque a corrupção da alma é muito mais uma praga do que qualquer infecção contagiosa no ar circundante que respiramos. Esta infecção

é própria dos seres animados, assim como os animais; mas aquela praga infecta seres humanos em sua humanidade.

3. Não desprеze a morte; acolha-a como mais uma parte da vontade da natureza. Nossa própria dissolução é exatamente como todos os outros processos naturais que as estações da vida trazem, como a juventude, a velhice, o crescimento, a maturidade, o desenvolvimento de dentes, da barba e dos cabelos grisalhos, a procriação, a gravidez e o parto. Na atitude racional em relação à morte, então, não há nada de superficial, exigente ou desdenhoso, simplesmente a espere como uma das funções da natureza. E assim como você pode estar agora aguardando o filho que sua esposa carrega no ventre sair, você deve esperar o momento em que sua alma irá se desprender desse envoltório corporal. Se você quiser outro conselho simples, que anime seu coração, e eficaz, achará muito fácil enfrentar a morte se parar para considerar as coisas e o gênio dos homens de que se livrará e não contaminarão sua alma. É claro que você não deve se ofender com eles, mas sim

conviver com eles e tolerá-los gentilmente; mas ainda assim se lembre de que a libertação que a morte traz não é a libertação de pessoas que pensam da mesma forma. Isso por si só, se alguma coisa pudesse, poderia nos prender à vida: se você pudesse viver na companhia de pessoas que compartilham os mesmos princípios e sensações. Mas você sabe como é cansativo viver em desarmonia com seus semelhantes, de modo que você diz: "Venha depressa, ó morte! Antes que eu perca o controle de mim mesmo!".

4. O pecador peca contra si mesmo; o que comete injustiça prejudica a si mesmo, tornando-se a si mesmo mau.

5. Muitas vezes, tanto na omissão quanto na ação, pode haver uma injustiça.

6. Isso é o suficiente: sua presente opinião ser verdadeira, sua presente ação ser útil à comunidade, sua presente disposição estar bem satisfeita com qualquer efeito de causa exterior.

7. Apagar a impressão; conter o impulso; saciar o desejo; conservar em você mesmo o seu guia interior.

8. Uma só alma foi distribuída entre os animais irracionais, uma só alma inteligente foi dividida entre os seres racionais; assim como há uma terra para todas as coisas terrestres, e, para todos os seres que têm visão e respiram, há uma só luz que vemos e um só ar que respiramos.

9. Todas as coisas que compartilham alguma qualidade comum tendem ao que é de sua própria espécie. Tudo o que é terreno se inclina para a terra, tudo o que é aquoso flui ao úmido, o mesmo acontece com o ar que tende ao aéreo. O fogo tende para o alto por causa do fogo elemental, mas, no entanto, está sempre disposto a unir-se a qualquer fogo aqui embaixo, pois qualquer material, mesmo estando um pouco úmido, é facilmente inflamado, pela falta de algo que impeça a sua ignição. Assim também tudo o que compartilha de uma natureza inteligente comum tende, igualmente, ou ainda mais, à sua própria espécie. Pois, quanto mais superior é um ser em relação aos outros, muito mais fácil é fundir-se e confundir-se com seus semelhantes. Até mesmo entre

os seres irracionais, como colmeias, rebanhos, bezerros, ninhadas, há uma espécie de relação; porque também têm alma. E nas ordens superiores um vínculo coletivo ainda mais forte, que não se encontra em plantas ou pedras ou madeira, é percebido. E entre os seres racionais se encontram constituições cívicas, amizades, famílias, assembleias e, nas guerras, alianças e tréguas. Entre os seres ainda mais elevados existe uma espécie de unidade, mesmo à distância, como acontece entre os astros. Assim, os limites superiores da escala do ser podem afetar o sentimento de companheirismo mesmo quando os membros estão distantes. Veja, então, o que está acontecendo agora: apenas os seres inteligentes esqueceram agora esse desejo de se unificarem, e somente aqui você não verá nenhuma colaboração. Eles podem fugir dela, mas, no entanto, são reagrupados; tal é o poder da natureza. Olhe atentamente e você compreenderá o que quero dizer. É mais provável que você encontre um punhado de terra separado da terra do que um homem separado do homem.

10. O homem, o divino e o mundo produzem seu fruto, cada um em sua própria estação. Não importa se o uso comum da expressão "produzir frutos" limita o sentido às videiras e similares. A razão também tem seus frutos, tanto universais quanto particulares; dela crescem outras coisas que compartilham sua própria natureza.

11. Se puder, eduque. Se não puder, lembre-se de que é por isso que você tem o dom da benevolência. Os deuses também são benévolos com essas pessoas e, em sua benevolência, até os ajudam a alcançar alguns fins, como saúde, riqueza e fama. Como eles são bons! Há também essa possibilidade para você; ou diga-me: quem o impede?

12. Não trabalhe como um infeliz, nem na expectativa de pena ou admiração. Agir e conter-se, como estima a causa cívica.

13. Hoje livrei-me de toda circunstância difícil, ou melhor dizendo, joguei-as fora de mim. Elas não eram externas, mas estavam dentro de mim, em meus pensamentos.

14. Todas as coisas são iguais: familiares na experiência, efême-

ras no tempo, ruins na substância. Tudo agora é como era nos dias daqueles que enterramos.

15. As coisas ficam estáticas fora de nós, fechadas em si mesmas, sem saber e sem conhecimento de si mesmas. Quem, então, as conhece? Nosso guia interior.

16. O bem ou o mal para o ser social e racional não está no sentimento, mas na ação; assim como também sua própria virtude ou vício se mostra não no que ele sente, mas no que ele faz.

17. Para uma pedra atirada ao ar, não há nada de ruim na descida nem nada de bom na subida.

18. Penetre em seu guia interior e você verá que tipo de juízes você teme, e que maus juízes eles são de si mesmos.

19. Todas as coisas estão em processo de mudança. Você mesmo está sujeito a uma constante transformação e uma gradual destruição. Assim também está o mundo todo.

20. É preciso deixar o erro do outro onde está.

21. A conclusão de uma atividade, a pausa de um impulso ou o término de um julgamento são uma espécie de morte, mas não há nenhum mal nisso. Volte-se agora para os estágios de sua vida, por exemplo: a infância, a adolescência, a juventude, a velhice; também cada mudança dessas é uma morte. Acaso isso é terrível? Volte-se agora para sua vida com seu avô, depois com sua mãe, depois com seu pai. E ao encontrar muitos outros exemplos de dissolução, mudanças ou términos, pergunte-se: "Havia algo a temer?" Assim, da mesma maneira, não há nada a temer no término, na pausa e na mudança de toda a sua vida.

22. Corra ao encontro de seu próprio guia interior e do ser do todo e do ser presente em cada homem em particular. Do seu próprio, para tornar seu entendimento justo; do todo, para lembrar do que você faz parte; do que está em cada homem, para que saiba se há ignorância ou reflexão nele, e, ao mesmo tempo, para lembrar que ele é um semelhante.

23. Assim como você mesmo é uma parte complementar de um sistema

social, todas as suas ações também devem complementar uma vida de princípios sociais. Se qualquer ação sua, por conseguinte, não tem relação direta ou indireta com o fim social, ela transtorna sua vida e destrói sua unidade. É uma espécie de revolta, como um indivíduo renunciando sua contribuição particular à harmonia comum.

24. Aborrecimentos e brinquedos infantis, "almas pequenas que carregam cadáveres", é o que nos é mostrado como mais real na cerimônia fúnebre[8].

25. Vá direto à causa qualificadora e examine-a separadamente do elemento material. Em seguida, estabeleça o tempo máximo pelo qual essa coisa individual assim qualificada pode, por sua natureza, subsistir.

26. Você suportou inúmeros males por não deixar seu guia interior desempenhar a função para a qual foi feito. Mas já é o suficiente.

27. Quando outra pessoa o insultar, o odiar, proferir palavras semelhantes, vá até

---

8. Homero, *Odisseia*.

suas pobres almas, entre nelas e veja que tipo de pessoas elas são. Você perceberá que não há necessidade de ser atormentado pelo que eles pensam sobre você. Todavia, você ainda deve ser benevolente com eles. Eles são, por natureza, seus amigos, e os deuses também os ajudam de várias maneiras, por meio de sonhos e oráculos, para que, apesar de tudo, consigam os objetos de sua desavença.

28. Os ciclos recorrentes do mundo são os mesmos, para cima e para baixo, de século em século. Sendo assim, ou a mente do todo tem um impulso específico para cada caso individual – se assim for, você deve aceitar o resultado –, ou teve um único impulso original, do qual todo o resto seguiu por consequência. Por que você ficaria inquieto com isso? Pois, de certo modo, são átomos ou coisas indivisíveis. Em síntese, ou há um deus inteligente e providente, e tudo está bem, ou tudo se rege pelo acaso. Não te deixes ser governado pelo acaso. Logo a terra cobrirá a todos nós. Então a terra também mudará, e então mais mudanças sucessivas até o infinito. Re-

fletindo sobre esses fluxos de mudança e transformação, e sua rapidez, todo mortal desprezará todas as coisas mortais.

29. A causa do todo é uma torrente, arrastando tudo em seu fluxo. Quão vulgares são esses homenzinhos que se dedicam à política e pensam governar como filósofos! São sujos! Faça o que a natureza exige neste momento. Comece imediatamente, se estiver ao seu alcance; seja indiferente quanto ao fato de se as pessoas vão saber ou não. Não espere pela república de Platão, mas contente-se com o menor progresso, e considere até mesmo esse resultado como uma conquista significante. Quem conseguirá mudar a opinião dos homens? Sem uma mudança de pensamento, que alternativa há senão torná-los escravos que gemem e fingem submissão? Agora, repare em Alexandre, Filipe e Demétrio de Faleros. Eu os seguirei, se eles tiverem compreendido a vontade de natureza comum e se educaram. Mas se eles simplesmente performaram um papel dramático, ninguém me obrigará a imitá-los. O trabalho da filosofia é simples e modesto. Não me induza à vaidade.

30. Contemple, como se estivesse de cima, os milhares de rebanhos humanos, suas milhares de cerimônias, todo tipo de navegação marítima em meio à tempestade ou na calmaria, a diversidade da criação, do convívio e da extinção. Considere também as vidas outrora vividas por outros muito tempo atrás, as vidas que serão vividas depois de você, as vidas vividas agora em nações estrangeiras; e quantos nunca sequer ouviram seu nome, e quantos o esquecerão muito em breve, e quantos podem elogiá-lo agora, mas logo o insultarão. Reflita que nem a memória, nem a fama, nem qualquer outra coisa, tem qualquer importância que valha a pena pensar.

31. Mantenha a calma diante do que vem de uma causa exterior; diante de uma causa que provém de você, mantenha a integridade. Em outras palavras, impulso e ação visando ao bem comum, que é o que está de acordo com sua própria natureza.

32. Você pode eliminar muitos problemas que o afetam, pois muitos se encontram inteiramente em seu próprio julgamento. E você imediatamente abrirá

um grande e amplo espaço para si mesmo, captando o mundo todo em seu pensamento, contemplando a eternidade do tempo e refletindo sobre a rápida mudança de cada coisa em cada parte. Quão breve é o intervalo desde o nascimento até a dissolução! Quão imenso é o abismo de tempo antes de seu nascimento, e uma infinidade igual após sua dissolução!

33. Tudo o que você vê logo perecerá; aqueles que testemunham este perecimento logo perecerão também. Morrer na velhice extrema ou morrer antes do tempo: tudo será a mesma coisa.

34. Que motivação é a dessas pessoas! O que buscam? O que amam e honram? Observe suas pequenas e nuas almas. Quando pensam que a injúria machucará ou que seu elogio será vantajoso, que presunção isso é!

35. A perda nada mais é do que uma mudança. A natureza do conjunto do todo se deleita com a mudança, e tudo o que flui da natureza acontece para o bem. Coisas semelhantes já aconteceram desde sempre, e será assim para toda a eternidade.

Então, por que você diz que tudo sempre aconteceu para o mal? Que sempre será assim? Que, entre tão grande número de deuses, nenhum deles encontrou poder para corrigir esses males, e então o mundo está condenado a estar imerso em males ininterruptos?

36. O apodrecimento da substância de cada ser é água, pó, ossos e fedor. Mais uma vez: o mármore é um mero depósito na terra; o ouro e a prata meros sedimentos; sua roupa é pelo de animal; a púrpura é sangue; e assim por diante com todo o resto. E o próprio sopro vital é exatamente o mesmo, pois muda de um a outro ser.

37. Chega dessa vida miserável, chega de lamentações e de astúcias! Por que você está incomodado? O que há de novo nisso? O que o coloca fora de si? A causa? Examine-a! A matéria? Examine-a! Fora disso não há nada. Mas você deveria agora mesmo, por mais tarde que seja, cuidar também de sua relação com os deuses: torne-se mais simples e melhor. Nesta busca, três anos é tão bom quanto cem anos.

38. Se ele fez algo errado, o mal está nele. Mas talvez ele não tenha errado.

39. Ou todas as coisas fluem de uma fonte inteligente e procedem para um único corpo – dessa maneira, a parte não deve reclamar do que acontece no interesse do todo –; ou tudo são átomos, e nada mais do que desordem e dispersão. Por que então você está incomodado? Pergunte ao teu guia interior: "Você está morto, está em decomposição, se transformou em um animal, está fingindo, faz parte de um rebanho compartilhando sua alimentação?".

40. Ou nada podem deuses ou tudo podem. Se, de fato, nada podem, por que orar? Se eles podem tudo, por que não orar para que concedam liberdade de todo medo, desejo ou arrependimento mundano, em vez de pedir que te deem isso ou aquilo? Certamente, se os deuses podem cooperar com os homens, eles podem cooperar para esses fins. Mas você pode dizer: "Os deuses colocaram essas coisas em meu próprio poder". Não é, então, melhor usar seu próprio poder na liberdade, em

vez de disputar com escravidão e estupidez o que não depende de você? E quem lhe disse que os deuses não nos ajudam nem para os fins que estão ao nosso alcance? De qualquer forma, ore sobre essas coisas e você verá. Um homem ora: "Como conseguir dormir com aquela mulher?", e você: "Como posso perder o desejo de dormir com ela?", outro ora: "Como posso me livrar daquele homem?", e você ora: "Como posso parar de querer me livrar dele?", outro ora: "Como não perder meu filhinho?", e você: "Como posso aprender a não temer a perda dele?", e assim por diante. Troque todas as suas orações nesse sentido e observe o que acontece.

41. Epicuro diz: "Na minha doença, minhas conversas não eram sobre os sofrimentos de meu pobre corpo, nem mesmo com os meus visitantes tinha conversas desse tipo, mas continuei a discutir os princípios relativos a assuntos naturais, e, com referência particular a esse mesmo ponto, como a mente compartilha de tais perturbações da carne enquanto ainda preserva sua calma e busca seu pró-

prio bem", e continua: "Eu também não permiti que os médicos se gabassem de nenhuma grande conquista, mas minha vida continuou bem e apropriada." Um exemplo, então, para você na doença, se você estiver doente, e em qualquer outra circunstância. Todas as escolas concordam que você não deve abandonar a filosofia em nenhuma eventualidade da vida, nem se juntar à tagarelice ignorante do ignorante sem instrução. Concentre-se apenas no que faz no momento e nos meios que usa para fazê-lo.

42. Sempre que você se sentir ofendido com a imprudência de alguém, você deve imediatamente se perguntar: "É possível que não haja imprudentes no mundo?" Não é possível. Não peça, então, o impossível. Esta pessoa é apenas um dos imprudentes inevitavelmente existentes no mundo. Tenha esse mesmo pensamento para uma pessoa má, um traidor e todo tipo de ofensor. O reconhecimento de que essa classe de pessoas deve necessariamente existir fará com que você seja mais gentil com elas como indivíduos. Outro pensamento

útil de aplicação direta é sobre a virtude que a natureza nos deu para combater um erro particular. A mansidão é dada como antídoto para a crueldade, e outras qualidades para enfrentar outras ofensas. Assim, você sempre pode reconduzir ao bom caminho aquele que se perdeu, pois quem faz o mal perdeu seu objetivo e se desviou da natureza. E que mal você sofreu? Você descobrirá que nenhum desses que excitam sua raiva fez algo capaz de afetar sua alma para pior. É apenas em sua alma que um mal ou um dano pode ser feito a você. De qualquer forma, onde está o mal ou a surpresa em o ignorante se comportar como o ignorante? Pense nisso. Você não deveria se culpar por não prever que esse homem cometeria esse erro. Sua razão lhe deu o recurso para calcular este erro provavelmente deste homem, mas você esqueceu e agora está surpreso que ele tenha errado. Acima de tudo, quando reclamar de deslealdade ou ingratidão, volte-se para dentro de si mesmo. A culpa é claramente sua, se você confiou que um homem desse caráter manteria sua confiança, ou se você concedeu um favor sem torná-lo um fim em si mesmo, sua própria ação é sua própria e completa recompensa. Pois, o que mais pode beneficiar um homem ao haver praticado o bem? Não é suficiente que você tenha feito algo de acordo com sua própria natureza? Você agora coloca um preço nisso? Como se o olho exigisse uma recompensa porque vê, ou os pés porque caminham. Assim como estes foram feitos para um propósito particular e cumprem sua própria natureza agindo de acordo com sua própria constituição, assim o homem foi feito para fazer o bem; e sempre que faz algo bom ou contribui para o interesse comum, fez o que ele foi projetado para fazer e obtém seu próprio fim.

Livro X

1. Ó, alma minha, você será boa, simples, única, pura e mais potente do que o corpo que a circunda? Você provará a disposição para o amor e a afeição? Você, algum dia, será completa e livre de necessidades, sem lhe faltar nada? Sem desejar nada animado nem inanimado para o desfrute de seus prazeres, nem mais tempo para desfrutar, nem tampouco um lugar, uma região ou clima? Nem uma boa harmonia entre os homens? Você ficará satisfeita com sua disposição atual e terá prazer em tudo o que é seu atualmente? Você se convencerá de que toda a sua experiência vem dos deuses, que tudo está bem e tudo estará bem para você, tudo o que os deuses acharem adequado dar a você, agora e no futuro, na manutenção desse ser perfeito, bom, belo e justo, que gera todas as

coisas, sustenta e contém todas as coisas enquanto elas se dissolvem na transformação de outras semelhantes? Você será, algum dia, capaz de conviver em harmonia com os deuses e com os homens, sem qualquer crítica ou condenação por parte deles?

2. Observe o que sua natureza exige, como se somente ela te governasse. Então, coloque em prática e aceite essa exigência, contanto que sua natureza, como um ser animado, não seja prejudicada. Em seguida, você deve observar o que sua natureza, como um ser animado, pede; novamente, aceite tudo isso, desde que sua natureza, como um ser racional, não seja prejudicada. E racional implica que é também sociável. Siga estas regras e com nada mais se preocupe ou nada mais deseje.

3. Tudo o que acontece com você é um evento dentro de sua capacidade natural de suportá-lo ou não. Então, se for um evento dentro dessa habilidade, não se incomode, mas aguente-o, pois você possui dotes naturais para isso. Se for um evento fora dessa capacidade, também não se incomode, pois isso o consumirá antes que você

tenha a chance de incomodar-se. Lembre-se, porém, que você nasceu para suportar tudo o que seu próprio julgamento pode decidir suportável, ou tolerar em ação, se você se convencer de que nisso está o seu próprio benefício ou dever.

4. Se alguém vacilar, ensine-o benevolamente e mostre o que não conseguiu ver. Se você não pode fazer isso, culpe a si mesmo, ou nem a si mesmo.

5. O que quer que aconteça com você estava já preestabelecido para você desde sempre. E o que quer que incida sobre você provém do encadeamento de causas que está circulando desde sempre.

6. Sejam átomos, seja natureza, a primeira premissa deve ser que sou parte do conjunto do todo que é governado pela natureza; em seguida, que tenho alguma relação próxima com as outras partes semelhantes a mim. Com essas premissas em mente, na medida em que sou parte, não me ressentirei de nada atribuído pelo todo. Nada que beneficie o todo pode ser prejudicial à parte, e o todo não contém nada que não seja para seu benefício.

Todas as naturezas orgânicas têm isso em comum, mas a natureza do mundo tem esse atributo adicional, que nenhuma causa externa pode forçá-la a criar algo prejudicial a si mesma. Assim, lembrar que faço parte de um todo assim constituído me deixará feliz com tudo o que me acontece. E, na medida em que eu tenha alguma relação próxima com as outras partes semelhantes a mim, não farei nada além de executar o bem de meus semelhantes e ter todos os impulsos direcionados ao benefício comum, abstendo-me do oposto. Tudo isso em operação garante que a vida fluirá bem, assim como você julgaria próspera a vida de um cidadão que agisse por meio de atos que beneficiam seus concidadãos e acolhesse tudo o que sua cidade lhe designa.

7. As partes do todo, tudo o que forma o complemento natural do mundo, deve necessariamente perecer. E por "perecer" quero dizer no sentido de "transformar-se". Se a natureza tornasse necessário esse "perecer" das partes prejudiciais a elas, o todo seria defeituosamente mantido, uma vez que suas partes estão sempre em

vias de mudar e, especificamente, constituídas para perecer. Acaso a natureza, por si mesma, se comprometeu a ferir as suas próprias partes, a torná-las expostas ao dano e necessariamente condenadas a fazer o mal? Ou ela não percebeu essas consequências? Nenhuma das duas opções merece crédito. Mas se alguém abandona o conceito de natureza e explica essas coisas exatamente como são, seria absurdo afirmar que as partes do todo estão naturalmente sujeitas a mudanças com surpresa ou ressentimento, como se essa mudança fosse algo contrário à natureza, especialmente porque a dissolução de cada coisa se produz com vistas à libertação dos elementos de que é composta. A dissolução é uma dispersão dos elementos componentes ou a mudança do que é sólido para a terra e do que é alma para o ar, de modo que também esses elementos possam ser reassumidos na razão do todo, para que os consuma o fogo, caso seja sujeito a incinerações periódicas, ou os reaproveite, caso seja contínuo e eterno. E não imagine que esse sólido e essa alma são os mesmos do seu nascimento. Ambos provêm dos alimentos que consumiram ontem ou anteontem e do ar inalado. Então, o que se transforma é o que vem do influxo da natureza, e não do que sua mãe gerou. Suponha que esse influxo tenha uma implicação estreita em sua personalidade: isso, penso eu, não tem relação alguma com o presente argumento.

8. Mereça direito a esses epítetos: bom, decente, verdadeiro, prudente, resignado e magnânimo; e tome cuidado para não os trocar por outros nomes; e se você perder esses títulos, resgate-os rapidamente. Lembre-se, também, que "prudente" significa em você a atenção discriminatória aos detalhes e pensamento ausente de negligência; "resignado", a aceitação voluntária da distribuição da natureza comum; "magnânimo", a elevação de seu espírito acima das afeições calmas ou violentas da carne, acima da vanglória, da morte ou de qualquer outra coisa dessa índole. Então, se você se mantiver fiel a esses títulos, sem desejar ser chamado assim por outros, você será um novo homem e entrará em uma nova vida. Continuar o mesmo homem

que você tem sido até agora, ser dilacerado e corrompido nesta vida que você vive, é apenas uma autopreservação sem sentido, como a de gladiadores devorados pela metade que, destroçados e cobertos de sangue pela fera selvagem, ainda imploram para serem mantidos vivos para o dia seguinte, quando em seu mesmo estado encontrarão novamente aquelas mesmas garras e dentes. Lance-se, então, na obtenção desses poucos nomes. Se você pode permanecer neles, fique onde está, como um homem transportado para as ilhas dos bem-aventurados. Mas se você sentir que está fracassando e perdendo o controle desses nomes, retire-se de bom coração para algum canto onde você recuperará o controle, ou então saia completamente da vida, não enfurecido, mas simples, livre, com integridade, deixando-a pelo menos uma conquista boa em sua vida: essa partida. Uma grande ajuda para manter essas reivindicações de virtude em sua mente será manter sua mente nos deuses, lembrando que o que eles querem não é uma bajulação, mas o desenvolvimento de todos os seres racionais em sua própria imagem; eles querem que a figueira faça o trabalho adequado de uma figueira, o cão de um cão, a abelha de uma abelha, e o homem o trabalho adequado do homem.

9. Farsa, guerra, temor, torpor, escravidão! Dia após dia, essas suas doutrinas sagradas serão apagadas, sempre que você as conceber e admiti-las como não filosóficas. Toda percepção e toda ação devem satisfazer o que é dificultoso e exercitar o teórico; de modo que você preserve a confiança, discreta, mas não oculta, do conhecimento preciso de cada coisa em particular. Porque, quando você terá prazer na simplicidade? Quando terá prazer na dignidade? Quando no conhecimento de cada coisa? E, de cada coisa, quando poderá discernir qual é sua natureza essencial, seu lugar no mundo, seu período natural de existência, quais são seus componentes, a quem pode pertencer, quem pode dar e tirar?

10. Uma pequena aranha se orgulha de ter capturado uma mosca. Os homens se orgulham de sua própria caça – uma lebre, uma sardinha na rede, javalis, ursos,

[prisioneiros] sármatas. Se você examinar seus motivos, eles não são todos bandidos?

11. Adote um método para contemplar como todas as coisas se transformam umas nas outras; preste atenção constante a esse aspecto da natureza e treine-se nele. Nada é tão propício à grandeza da mente. Quem, assim treinado se despojou de seu corpo e reconhecendo que em pouco tempo terá que deixar tudo isso para trás e se afastar do mundo dos homens, se dedicou inteiramente à justiça em suas próprias ações e à natureza do todo em todas as coisas externas. Nem mesmo pensa no que os outros dirão ou irão supor sobre ele, ou o que se fará contra ele, mas se contenta em atender somente a essas duas condições: sua própria integridade em cada ação presente e a feliz aceitação da parte que agora lhe é atribuída, abandonando todas as outras preocupações e ambições. E seu único desejo é cumprir a lei com retidão e, ao fazê-lo, seguir o caminho do divino.

12. Que necessidade de receios, quando é possível que você mesmo examine

o que deve ser feito. E, se você puder ver o seu caminho, siga por ele com intenção gentil, mas inabalável. Mas, caso contrário, se você não consegue ver o caminho, pare e consulte os mais sábios. Se algum outro fator obstruir este conselho, prossiga com seus recursos atuais, mas com deliberação cautelosa, mantendo sempre o que lhe parece justo. Esse é o melhor objetivo, e o contrário é causa de todos os males. Aquele que segue a razão em todas as coisas combina tranquilidade com iniciativa, alegria com seriedade.

13. Assim que acordar, pergunte-se: "Fará alguma diferença para você se os outros criticarem o que de fato é justo e belo?" Não, não importará. Tem esquecido como esses que alardeiam com louvores e censuras a outros se comportam na cama e na mesa, o tipo de coisas que fazem, o que evitam ou o que perseguem, trapaceando e roubando, não com as mãos e os pés, mas com a parte mais valiosa de si mesmos, a parte de onde nascem a confiança, o pudor, a verdade, a lei, o espírito de bondade?

14. À natureza que tudo dá e tudo toma, o homem educado e respeitoso diz: "Dê o que quiser; tome o que quiser". E ele diz isso não com orgulho, mas simplesmente com submissão e benevolência.

15. Curto é o tempo que lhe resta. Viva como se estivesse em uma montanha. Aqui ou ali não faz diferença se, onde quer que você viva, você tome o mundo como sua cidade. Deixe os homens verem, deixe-os observar um verdadeiro homem vivendo de acordo com a natureza. Se eles não podem suportá-lo, deixe que o matem; é melhor do que uma vida como a deles.

16. Não discuta mais sobre que tipo de qualidades deve possuir um homem bom, mas seja um.

17. Mantenha constantemente em sua mente uma impressão da eternidade e de toda a existência, e o pensamento de que cada coisa individual é, na escala da existência, uma mera semente de figueira; e na escala do tempo, um giro de uma broca.

18. Em cada coisa existente, considere e reflita que ela está agora mesmo em processo de dissolução e transfor-

mação e, em certo sentido, regenerando-se por meio da putrefação ou dispersão. Considere que cada coisa nasceu para morrer.

19. Como são os homens quando comem, dormem, fazem sexo, defecam etc. Ainda, como são quando recebem poder sobre os outros e se mostram altivos, orgulhosos e punindo em excesso quando tomados pela ira. Há pouco tempo eram escravos de quantos [senhores] e por quantas razões. E, dentro de pouco tempo, estarão em circunstâncias parecidas.

20. Convém a cada um o que lhe atribui a natureza do todo, e convém precisamente no momento em que ela atribui.

21. "A terra deseja a chuva, deseja-a também o venerável ar". O mundo deseja fazer o que se tornará futuro. Digo, então, ao mundo: "Compartilho seu desejo". Não é o que diz aquela frase "isso deseja acontecer"?

22. Ou você vive aqui, já acostumado a isto; ou você se afasta, por sua própria decisão de sair; ou você morre, por ter cumprido seu serviço. Fora disso, não há mais nada. Portanto, seja alegre!

23. Tenha sempre claro em sua mente que a vida não seria melhor nos campos, ou em outro lugar; e como tudo é igual tanto aqui como no topo de uma montanha, ou na costa, ou onde quer que você queira. As palavras de Platão, você achará bem apropriadas: "numa cabana na montanha, cercando-se e ordenhando ovelhas".

24. O que é, para mim, meu guia interior? O que faço dele agora ou para que o uso? Está vazio de inteligência? É desvinculado e separado da sociedade? É tão misturado e fundido à carne até o ponto de poder modificar-se com esta?

25. Aquele que foge do seu senhor é um fugitivo. A lei é nosso senhor, o infrator é, portanto, um desertor. Também, da mesma forma, aquele que sente a dor, a raiva ou o medo recusa o que acontece no presente, ou no futuro do governante de todas as coisas, que é a lei, que legisla para cada um de nós. Logo, sentir medo, dor ou raiva é ser um desertor.

26. Um homem deposita seu esperma em um útero e vai embora. Depois disso, outra causa assume o controle, faz

seu trabalho e gera um feto. De que causa? De que origem? Então, novamente, a criança ingere o alimento, e agora outra sequência causal assume o controle, criando sensações e impulsos, toda a vida e força, e todo tipo de outras coisas. Contempla, então, tais maravilhas que acontecem misteriosamente e veja o poder em ação, assim como vemos a força que pesa as coisas ou as carrega – não com nossos olhos, mas não menos evidentes.

27. Reflita que todas as coisas que acontecem agora já aconteceram antes; reflita também que elas acontecerão novamente no futuro. Tenha em mente dramas completos com cenários semelhantes, tudo o que você conhece por sua própria experiência ou por narrações históricas mais antigas, como toda a corte de Adriano, toda a corte de Antonino, toda a corte de Filipe, de Alexandre, de Creso. Era tudo igual a agora, apenas atores diferentes.

28. Imagine todos expressando dor ou descontentamento com qualquer coisa, como um leitão em um sacrifício,

debatendo-se e grunhindo. Assim é o homem que sozinho, em seu leito e em voz baixa, se lamenta. Pense em todos os fios que nos prendem e como apenas criaturas racionais podem escolher se submeter voluntariamente aos eventos, a submissão pura é obrigatória a todos.

29. Considere cada coisa individual que você faz e pergunte a si mesmo se a morte é mesmo terrível por perder [cada coisa] para ela.

30. Sempre que você se ofender com um erro alheio, pense imediatamente no erro semelhante que você cometeu, como, por exemplo, ter considerado o dinheiro um bem, ou o prazer, ou a reputação, ou outras coisas desse tipo. Com isso, rapidamente esquecerá sua raiva e perceberá que o homem foi forçado a fazer isso. O que mais ele pode fazer? Ou, se puder, remova aquilo que o força a isso.

31. Quando vir Sátiro, Eutiquio ou Himenio, imagine-os no círculo de Sócrates; quando vir Eufrates, imagine Eutiquio ou Silvano; quando você vir Aleifrônio, imagine Tropeóforo; quando vir Severo,

imagine Critão ou Xenofonte; e quando você olhar para si mesmo, imagine um dos Césares; para cada um deles, então, imagina aquele ao qual se assemelha. Então, deixe que este próximo pensamento o atinja: Onde estão esses homens? Em nenhum lugar, ou em qualquer lugar. Desta forma, você sempre verá que as coisas humanas são fumaça e nada mais, sobretudo se você se lembrar também de que o que uma vez mudou jamais, em todo o tempo infinito, voltará ao que era. Por que então se atormentar? Por que não se contentar com uma passagem digna pelo breve espaço de tempo que tem? Quantas vezes deixou de agir e refletir! O que é tudo isso senão um exercício da razão que examinou em toda a vida, segundo a ciência da natureza? Permaneça, então, até que você tenha assimilado tudo isso também, assim como um estômago forte que assimila todos os alimentos, ou um fogo brilhante que transforma tudo o que você joga nele em chamas e luz.

32. Que ninguém tenha a oportunidade de dizer-lhe, com toda a verdade, que não é um homem singelo e bom; cer-

tifique-se de que quem pensa assim sobre você é um mentiroso. Isso tudo depende inteiramente de você; pois quem o impede de ser bom e singelo? Se não puder ser, você deve apenas decidir não viver mais, pois até a razão abandona quem não o é.

33. Em qualquer circunstância, o que de melhor pode ser feito ou dito? Seja o que for, está em seu poder fazê-lo ou dizê--lo, e não alegue que há obstáculos. Você nunca parará de gemer até que experimente o mesmo prazer em dar uma resposta apropriadamente humana a qualquer circunstância que encontre ou enfrente como aquele que se entrega aos prazeres. Porque você deve considerar como prazer qualquer ação que possa realizar de acordo com sua própria natureza; e você pode fazer isso em qualquer lugar. Com efeito, ao cilindro não é permitido seguir seu próprio movimento onde quer que queira, nem a água, nem o fogo, nem qualquer outra coisa sujeita a uma natureza ou uma alma irracional; há muitas barreiras ou impedimentos em seus caminhos. Todavia, a mente e a razão têm o poder, por sua natureza e por sua

vontade, de superar todos os obstáculos. Mantenha evidente em sua visão essa facilidade da razão para realizar todas as coisas – como o fogo subindo, uma pedra caindo, um rolo em uma ladeira –, não procure por mais alguma coisa. Quaisquer obstáculos remanescentes pertencem somente ao corpo, esse cadáver, sem o julgamento e consentimento de nossa própria razão. Caso contrário, qualquer um que encontrasse tal obstáculo se tornaria imediatamente mau, como acontece com todos os outros organismos, que qualquer dano os torna piores em si mesmos. Em nosso caso, por assim dizer, uma pessoa realmente se torna melhor e mais digna pelo uso correto dos obstáculos que encontra. No geral, lembre-se de que nada prejudica o cidadão que não prejudique a cidade; e nada prejudica a cidade que não prejudique a lei. Nenhum dos nossos infortúnios prejudica a lei. Assim, o que não prejudica a lei não prejudica nem a cidade nem o cidadão.

34. Aquele que foi tocado pelos verdadeiros princípios precisa apenas de um lembrete muito curto e comum para

perder toda a dor e o medo. Por exemplo: "O vento espalha as folhas no chão, assim também é as gerações dos homens". Seus filhos são as folhas caídas. São folhas caídas também essas vozes que o elogiam sinceramente e o exaltam, ou, pelo contrário, o amaldiçoam, o censuram secretamente e o ridicularizam; da mesma forma, são folhas caídas aqueles que celebrarão sua fama póstuma. Todas essas coisas "aparecem na estação da primavera". Mas então o vento as derruba e a floresta põe outras em seu lugar. Todas as coisas têm vida curta, mas você as evita ou as persegue como se fossem eternas. Daqui a pouco você também fechará os olhos, e logo haverá outros lamentando o homem que o sepultou.

35. O olho saudável deve olhar para tudo o que há para ser visto, e não dizer "eu só quero [ver] cores pálidas", pois isso é um sintoma de doença da visão. O ouvido e o nariz saudáveis devem estar prontos para todos os sons ou cheiros, e o estômago saudável deve aceitar todos os alimentos da mesma forma que um moinho aceita tudo o que foi feito para moer. Assim, a

mente saudável também deve estar pronta para todas as eventualidades. A mente que diz: "que meus filhos se salvem", e "que elogiem tudo o que faço", é como um olho que exige a palidez [para ver] ou dentes que exigem coisas macias [para mastigar].

36. Ninguém é tão afortunado a ponto de não ter, no momento da morte, algumas pessoas que se regozijem desse instante. Era zeloso e sério? Então talvez haja alguém em seu último momento dizendo para si mesmo: "Podemos, enfim, respirar novamente agora, livres deste mestre. Ele não foi severo com nenhum de nós, mas pude sentir sua crítica silenciosa a todos nós". Isso nota-se a um homem sério. Em nosso caso, quantas outras razões não existem para que mais de um deseje se livrar de nós! Você pensará nisso quando estiver morrendo, e sua partida será mais fácil se você considerar consigo mesmo: "Estou deixando uma vida na qual até mesmo meus concidadãos, a quem dediquei tanto esforço, tantas orações, tantos cuidados, me querem fora do caminho, sem dúvida esperando algum proveito de minha

morte". Então, por que alguém se faria demorar mais [aqui na terra]? No entanto, nem por isso deve se sentir menos benevolente com eles, mas mantenha-se fiel ao seu próprio caráter – amigável, gentil, generoso. Mais uma vez, sua partida deles não deve ser um afastamento da vida, mas sim aquele fácil desprendimento da alma que está no corpo, assim deve acontecer sua viagem daqui. A natureza uniu você a eles, mas agora o separa deles. Separo-me de meus íntimos, mas não resisto nem sou forçado. Essa também é uma das maneiras de estar de acordo com a natureza.

37. Na medida do possível, acostume-se a se perguntar em relação a qualquer ação tomada por outro: "Qual é a finalidade dessa ação?" Mas comece por você mesmo. Examine-se primeiro.

38. Lembre-se que o que puxa os cordões é aquela parte que está escondida dentro de nós mesmos: essa força é a eloquência, é a vida, pode-se dizer que é o próprio homem. Nunca dê igual atenção ao recipiente que o contém ou aos órgãos modelados em torno dele. Estes são

instrumentos tal como um machado, diferindo apenas em sua fixação ao corpo. Não há utilidade nessas partes sem o agente que as move ou as retém, assim como a lançadeira sem a tecelã, o lápis sem o escritor, ou o chicote sem o cocheiro.

Livro XI

1. As propriedades da alma racional são estas: ver a si mesma; analisar a si mesma; tornar-se no que quiser ser; colher para si o fruto que produz – enquanto o fruto das plantas e os produtos dos animais são colhidos por outros –; atingir seu próprio fim, onde quer que o limite da vida seja estabelecido. Ao contrário de uma dança ou uma peça ou algo semelhante, onde qualquer interrupção prejudica toda a *performance*, a alma racional tem seu próprio objetivo completado e inteiramente cumprido, então pode dizer: "Tenho o que me pertence". Além disso, a alma racional atravessa o mundo todo e seu vazio circundante, explora sua forma, estende-se na infinidade do tempo, abrange e compreende a regeneração periódica do todo. Reflete que nossos descendentes não verão nada de

novo, assim como nossos predecessores não viram nada mais do que nós; tal é a mesmice das coisas; um homem que viveu quarenta anos, com qualquer inteligência que seja, em certo sentido, viu todo o passado e todo o futuro segundo a uniformidade das coisas. As qualidades particulares também da alma racional são o amor ao próximo, a verdade e a integridade, e não valorizar nada acima de si mesma. Esta última também é uma qualidade própria da lei. Não há, portanto, diferença entre o verdadeiro princípio da razão e a razão da justiça.

2. É preciso que despreze os prazeres do canto, da dança, do pancrácio, caso decomponha a melodia de uma voz, e a cada nota perguntar: "Será que essa me encanta?", pois se envergonhará admiti-la. Assim também se decompor a dança em cada movimento e cada pose, e o mesmo novamente com o pancrácio. Geralmente, então, com exceção da virtude e do que dela surge, lembre-se de ir direto às partes componentes de qualquer coisa e, por meio dessa análise, chegar a desprezar a coisa em si. Aplica essa regra para toda a vida.

3. Que nobre é a alma pronta para sua separação do corpo, se agora for o momento, e preparada para o que vier, seja extinção, dispersão ou sobrevivência! Essa prontidão, porém, deve provir de uma decisão particular, e não em uma simples imposição, como os Cristãos, deve ser fruto de reflexão, de um modo sério e, se os outros se convencerem, sem teatralidade.

4. Fiz algo pelo bem da comunidade? Então me beneficiei. Tenha esse pensamento sempre na mão, e não pare mais.

5. Qual é o seu ofício? Ser um bom homem. Mas isso só pode acontecer por meio de reflexões, umas sobre a natureza do conjunto do todo, e outras, sobre a constituição específica do homem.

6. Primeiramente, as tragédias foram trazidas ao palco para representar o que pode acontecer e como esses acontecimentos são determinados pela natureza, e também que aquilo que move o teatro não deve ser superado em um cenário maior: [a vida]. Você pode ver como as coisas devem acontecer e que mesmo aqueles que gritam "Ó Citero!" devem suportá-

-las. Existem alguns ditados úteis também nos autores de dramas. Um bom exemplo é: "Se eu e meus filhos formos abandonados pelos deuses, isso também terá sua causa". E também: "Meras coisas não devem provocar sua raiva". E: "Colher a vida como uma espiga madura". E muitos outros assim. Após a tragédia, a Velha Comédia foi introduzida, e ela contém um valor educacional em sua franqueza desenfreada, essa fala franca era em si uma advertência útil contra a arrogância. Diógenes também adotou esse traço para um fim semelhante. Depois disso, examine a natureza da comédia que chamamos de Média, e o propósito da subsequente adoção da Nova Comédia, que, em pouco tempo, caiu na mera arte da imitação. É inegável que esses escritores disseram coisas úteis, mas qual a finalidade desse tipo de poesia e qual o objetivo dessas composições dramáticas?

7. Quão claro fica o fato de que não há outro caminho da vida tão propícia à prática da filosofia como essa na qual você agora se encontra!

8. Um galho que é separado do seu vizinho também é, necessariamente, separado de toda a árvore. Da mesma forma, um ser humano separado de um outro ser humano é excluído de toda a comunidade. Bem, o galho é separado por alguém, mas o ser humano se separa ele mesmo de seu vizinho por seu próprio ódio ou rejeição, sem perceber que assim se separou, ao mesmo tempo, da comunidade inteira. Só existe este presente que recebemos de Zeus, que reuniu a comunidade humana, posto que podemos nos unir novamente com nossos vizinhos e reassumir nosso lugar no complemento do todo. Muitas vezes repetida, porém, tal separação torna difícil unir e restaurar a parte separada. Em suma, o galho que acompanha a árvore, desde o início de seu crescimento, e que compartilha sua respiração não é o mesmo que aquele enxertado na árvore, como dizem os jardineiros. Crescer juntos, mas não pensar da mesma maneira.

9. Aqueles que obstruem seu progresso no caminho reto da razão não poderão impedir com que você aja, nem

o induzir a desviar-se de sua boa vontade para com eles. Em vez disso, você deve manter-se firme em relação a ambas as coisas, mantendo não apenas uma estabilidade de julgamento e ação, mas também uma mansidão com aqueles que tentam impedi-lo ou incomodam. Irar-se contra eles não é menos uma fraqueza do que abandonar seu curso de ação e acovardar. Ambos são desertores, tanto aquele que se amedronta como aquele que renega e se coloca em desacordo com seus parentes e amigos naturais.

10. Nenhuma natureza é inferior à arte, pois as artes imitam as naturezas. Se assim for, então a mais perfeita e abrangente de todas as naturezas não poderia ser superada por nenhuma invenção artística. Certamente, todas as artes criam com vistas ao superior. Portanto, este é o caminho da natureza do todo também. E, de fato, aqui está a origem da justiça, da qual todas as outras virtudes procedem, pois não haverá preservação da justiça se estivermos preocupados com coisas indiferentes, ou nos deixarmos levar pelas aparências, ou,

ainda, sermos precipitados ou levianos em nossos julgamentos.

11. As coisas que persegue ou evita e que o perturbam não procuram por você, mas, de certa forma, você mesmo as procura. Seja como for, mantenha seu julgamento calmo sobre elas e elas também se tranquilizarão, então você não será visto perseguindo-as ou evitando-as.

12. A esfera da alma é semelhante à sua própria forma, quando não se estende por algo exterior, nem se contrai, nem se dispersa, nem se retrai, mas mantém a luz constante pela qual contempla a verdade de todas as coisas e a verdade em si mesma.

13. Alguém me desprezará? Esse alguém que cuide disso! Eu, da minha parte, cuidarei para que não seja considerado culpado de qualquer palavra ou ação que mereça desprezo. Alguém me odiará? Esse alguém que cuide disso! Mas serei gentil e bem-intencionado com todos, e pronto para mostrar a essa mesma pessoa o seu erro, sem qualquer insolência ou demonstração de tolerância, mas com genuína boa vontade, como o ilustre Fócion – se

é que ele fingia. Esta deve ser a qualidade de nossos pensamentos íntimos, que são vistos pelos deuses. Os deuses devem ver um homem que não se indigna por nada e livre de autopiedade. E que mal você pode sofrer, se você mesmo, neste momento presente, está agindo de acordo com sua própria natureza e aceitando o que se adapta ao presente propósito da natureza do todo, um homem que aspira a realização, pela forma que seja, do bem comum?

14. Eles se desprezam, mas ainda bajulam uns aos outros, e querendo se manter acima dos outros, submetem-se uns aos outros.

15. Quão podre e falso é aquele que diz: "Prefiro ser totalmente honesto com você"! O que você está fazendo, homem? Não há necessidade deste prefácio. A realidade mostrará. Está escrito em sua testa; fica imediatamente claro no tom de sua voz e na luz de seus olhos, assim como o amado pode ler tudo imediatamente no olhar de seus amantes. Em suma, o homem bom e honesto deve ter o mesmo efeito que o sujo – qualquer um que

esteja por perto percebe imediatamente sua presença quando passa, quer queira quer não. A afetação da simplicidade é uma faca. Não há nada mais degradante do que a amizade dos lobos. Evite isso acima de tudo. O homem bom, honesto e gentil tem essas qualidades em seus olhos, e você não pode ocultá-las.

16. Viva da melhor maneira que puder. O poder para fazer isso está na própria alma do homem, se ele for indiferente às coisas indiferentes. E ele será indiferente se observar cada uma dessas coisas em separado e como um todo, e lembrar que nenhuma delas impõe um julgamento de si ou se impõe a nós. As próprias coisas são inertes, somos nós que produzimos julgamentos sobre elas e, por assim dizer, os gravamos em nossas mentes – mas não há nenhuma necessidade de gravá-las, e qualquer impressão acidental pode ser imediatamente apagada. Lembre-se, também, de que nossa atenção a essas coisas pode durar apenas um pouco, e então a vida chegará ao fim. Afinal, o que há de difícil nessas coisas? Se, pois, estive-

rem de acordo com a natureza, alegre-se com isso e você as achará fáceis. Se forem contrárias à natureza, procure o que está de acordo com a sua própria natureza e rápido, mesmo que isso não lhe traga glória. Qualquer um pode ser perdoado por buscar seu próprio bem.

17. Em cada uma das coisas, considere de onde veio, de que elementos é formada, no que está se transformando, o que será quando for transformada, e como nenhum mal sofrerá.

18. Primeiro: Como considero minha relação com os homens, e o fato de que todos nascemos uns para os outros, e eu, por alguma razão, nasci para ser seu líder, como o carneiro conduz seu rebanho e o touro sua manada. Comece pelos primeiros princípios, partindo desta consideração: "se não os átomos, então a natureza que governa tudo". Se assim for, então os seres inferiores existem por causa dos superiores, e estes existem uns para os outros.

Segundo: Que tipo de pessoas eles são à mesa, na cama e assim por diante. Acima de tudo, que tipo de comportamento suas opiniões impõem a eles e com quais dessas os fazem agir como agem.

Terceiro: Se o que eles fazem é certo, não há motivo para reclamação. Se errado, isso é claramente contra sua vontade e por ignorância. Assim como nenhuma alma gosta de ser privada da verdade, nenhuma alma quer abandonar o comportamento adequado de cada indivíduo conforme seu valor. De qualquer forma, essas pessoas se ressentem ao serem chamadas de injustas a imputação de injustiça, insensatas, ambiciosas e, em uma palavra, capazes de prejudicar o próximo.

Quarto: Você mesmo comete muitas falhas e não é diferente deles. E, embora é verdade que você se abstém de certas faltas, você ainda tem a propensão a elas, mesmo que sua abstenção é devido à covardia, à busca de honras, ou a algum outro motivo negativo.

Quinto: Nunca se sabe ao certo quando os homens estão agindo errado. Muitas de suas ações, embora pareçam perversas, são feitas com boas intenções, ou pelo menos sem más intenções. No geral, é preciso saber muito antes de poder se pronunciar com certeza sobre as faltas de outra pessoa.

Sexto: Quando você estiver indignado e talvez perdendo a paciência, lembre-se de que a vida humana é muito curta e em breve estaremos todos enterrados.

Sétimo: Não são suas ações que nos incomodam – elas ficam nos guias interiores de quem as comete –, mas nossos julgamentos sobre elas. Remova, pois, esses julgamentos, tenha o propósito de desprender-se de seu julgamento sobre algum suposto ultraje, e livra-se de sua raiva. Como removê-los? Ao refletir que nenhum vício alheio o prejudica. Se o vício não fosse o único dano verdadeiro, você necessariamente cometeria muitos outros, seria um bandido, capaz de vários crimes.

Oitavo: A raiva e a dor nos trazem as maiores dificuldades, ao invés das coisas pelas quais sentimos raiva e dor.

Nono: A benevolência é invencível, se for nobre, e não ser bajuladora nem hipócrita. O que o homem mais insolente poderia fazer com você se você continuasse a ser benévolo com ele e se, quando surgisse a oportunidade, você gentilmente o exortasse e tomasse seu tempo para reeducá-lo no exato momento em que ele tenta fazer mal a você? "Não, filho, nós nascemos para outros fins. Não estou me prejudicando, é você que se prejudica, filho." E mostre a ele delicadamente como são as coisas, deixando claro que nem sequer as abelhas agem assim, nem tampouco os animais que nasceram para viver em manada. Mas seu conselho não deve ser irônico ou recriminatório. Deve ser carinhoso, sem mágoas, não como em uma escola ou uma demonstração para impressionar os outros, mas a maneira como você falaria com alguém sozinho, independentemente da companhia.

Mantenha esses nove preceitos em mente, aceite-os como presentes das Musas! E comece, finalmente, a ser um ser humano, enquanto a vida permanece. Você deve evitar a bajulação tanto quanto a raiva em suas relações com eles, pois ambos são contra o bem comum e levam ao mal. Em seus acessos de raiva, tenha em mente este pensamento: não há nada viril em estar com raiva, mas a tranquilidade é mais humana e, portanto, mais viril. São os gentis que têm força, vigor e coragem, não os indignados e queixosos. Quanto mais próximo do controle da emoção, mais próximo do poder. A raiva é tanto um sinal de fraqueza quanto a dor. Porque, em ambos os casos, estão feridos e cedem.

E se você quiser, tome também um décimo presente do Guia das Musas[9]: o pensamento de que é loucura esperar que homens maus não façam nada de errado, isso é pedir o impossível. Contudo, permitir que eles se comportem dessa maneira com os outros enquanto exige que eles não façam mal a você, é algo absurdo e próprio de um tirano.

19. Existem, sobretudo, quatro alterações do guia interior para as quais você deve manter vigilância constante e afastá-las sempre que as detectar, aplicando, em

---

9. Um dos epítetos do deus Apolo (em grego: μουσηγέτης – *mousēgétēs*).

cada uma delas, um destes termos: "Essa ideia não é necessária"; "Isso põe fim à comunidade"; "Isso que você falará não vem de você mesmo" – dizer o que você não sente deveria ser considerado uma das coisas mais absurdas –; e a quarta alteração é aquela em que a parte mais divina de você está submetida e se curva à parte menos valiosa e mortal, a parte de seu corpo e seus prazeres grosseiros.

20. Todo o ar e todo o fogo que estão em você têm uma tendência natural para elevar-se, mas, no entanto, obedecem à ordem do todo e são mantidos aqui no composto de seu corpo. E toda a terra e toda a água que estão em você, cuja tendência é para baixo, são, no entanto, elevadas e permanecem em uma posição não natural. Assim também os elementos estão submetidos ao todo; designados seus lugares, eles são forçados a permanecer ali, até que o sinal de sua dissolução mais uma vez seja dado por aquela mesma fonte. Portanto, não é terrível que seja apenas a sua parte inteligente que se rebela e se indigna do lugar que lhe foi dado? E, no entanto, nada é imposto a ela, apenas o que

está de acordo com sua própria natureza. Mas ainda assim se recusa a obedecer e parte na direção oposta. Qualquer movimento em direção a atos de injustiça, de indisciplina, de raiva, de dor ou de medo é nada menos do que um defeito da natureza. Além disso, sempre que o guia interior sente ressentimento por qualquer acontecimento, também abandona seu posto, porque foi constituído não apenas para a justiça aos homens, mas também para a reverência e o respeito aos deuses. Essas virtudes são, também, uma forma de sociabilidade, talvez ainda mais valiosas do que as ações justas.

21. "Aquele que não tem um só e único objetivo na vida não pode permanecer único e o mesmo ao longo de sua vida." Essa máxima é incompleta, a menos que você acrescente que tipo de objetivo deveria ser. As opiniões variam em todo o conjunto das várias coisas consideradas, pela maioria, como bens de certo modo, mas apenas uma categoria comanda uma opinião comum, a referente à comunidade. Segue-se que o objetivo que devemos estabelecer é um objetivo comunitário, ou seja, o

bem comum dos cidadãos. Aquele que dirige todos os seus próprios impulsos para esse fim será consistente em todas as suas ações e, por isso, sempre será o mesmo.

22. O rato da colina e o rato doméstico, seu temor e sua inquietação.

23. Sócrates costumava chamar as crenças populares de coisas para assustar as crianças.

24. Em seus festivais, os espartanos colocavam assentos para os estrangeiros na sombra, mas eles se sentavam onde podiam.

25. Sócrates a Pérdicas sobre o motivo de não ir para sua casa: "para evitar morrer a pior das mortes", ou seja, pela incapacidade de devolver os benefícios recebidos.

26. Nos escritos dos epicuristas se encontrava uma máxima de que se deve recordar continuamente de um daqueles que seguiram o caminho da virtude em tempos anteriores.

27. Os pitagóricos diziam: "Olhe para o céu ao amanhecer", para sempre nos lembrarmos dos que cumprem constantemente as mesmas normas e de

igual modo sua própria tarefa, sua ordem, sua pureza e sua nudez; pois nenhum astro usa vestimenta.

28. Tal qual Sócrates se envolvendo em pele de ovelha quando Xantipa tomou seu manto e saiu; e o que Sócrates disse a seus companheiros que se retiraram envergonhados quando o viram assim vestido.

29. Na escritura e na leitura, você não as ensinará a outro antes de você ser ensinado. Isso mesmo acontece muito na vida.

30. Você nasceu escravo, a razão não lhe diz respeito.

31. Meu querido coração sorriu.

32. Desprezarão a virtude proferindo palavras insultantes".

33. Procurar um figo no inverno é atitude de um louco. Tal é o que busca um filho quando o tempo já passou.

34. Ao você beijar seu filho, Epíteto costumava dizer que deve dizer a si mesmo: "Amanhã talvez você morra". "Isso é mau augúrio". "Não é nenhum mau augúrio", respondeu, "somente uma constatação de um processo natural. Caso contrário,

também seria mau augúrio ter colhido as espigas de milho."

35. Uva verde, amadurecida, passa, todas as mudanças, não para a inexistência, mas para o que agora não é.

36. "Ninguém se torna ladrão por preferência." – isso segundo Epíteto.

37. Também disse: "É preciso encontrar a arte de assentimento e, em todo o campo de nossos impulsos, cuidar da atenção, para garantir que cada impulso, com certas exceções, seja útil à comunidade e seja proporcional ao valor de seu objetivo. Devemos nos manter absolutamente livres do desejo e não mostrar aversão a nada que esteja fora de nosso controle".

38. Novamente: "Portanto, isso não é um debate sobre um assunto trivial, mas sobre estar louco ou não".

39. Sócrates dizia: "O que vocês querem? Ter almas de seres racionais ou irracionais?". "Racionais". "De quais seres racionais? Os saudáveis ou os defeituosos?". "Os saudáveis". "Por que então não as buscam?". "Porque nós as temos". "Por que então lutam e disputam?".

Livro XII

1. Tudo o que você deseja alcançar em algum momento do progresso de sua vida pode já ser seu, se não prejudicar a você mesmo; ou seja, se você deixar todo o passado para trás, confie o futuro à providência e cuide apenas do presente, segundo as regras da piedade e da justiça. Piedade, para que você venha a amar o destino que lhe foi dado, pois foi a natureza que trouxe isso para você e você foi escolhido para isso. Justiça, para que você seja livre e direto em palavras e ações, falando a verdade, conforme à lei e de acordo com a importância de tudo que fizer. Você não deve se deter pela malícia dos outros, nem o que alguém pensa ou diz, menos ainda qualquer sensação desse pequeno pedaço de carne que se acumula ao seu redor. A moral que cuide disso. Se, então, quando você finalmente ao

término de sua vida, abandona tudo e valoriza apenas seu guia interior e a divindade dentro de você, se seu medo é que você não comece a viver de acordo com a natureza, então você será um homem digno do mundo que lhe gerou. Você não será mais um estranho em sua pátria, não admirará mais os acontecimentos cotidianos como se fossem inesperados, e não mais se pendurará nisso ou naquilo.

2. A divindade vê todos os nossos guias interiores em sua pureza, livres de suas cascas e escórias. Seu contato é apenas entre sua própria inteligência e o que emanou dela, desde o princípio. Se você se acostumar a fazer o mesmo, se livrará do que tanto o distrai. Pois aquele que não vê o pequeno pedaço de carne que o envolve, não perderá seu tempo contemplando roupas, casas, fama ou qualquer outro adorno supérfluo.

3. Existem três coisas em sua composição: corpo, respiração e mente. Dessas coisas, as duas primeiras lhe pertencem, na medida em que você deve cuidar delas, mas apenas a terceira é propria-

mente sua. Então, se você se separar de si mesmo, isto é, de sua mente, tudo o que os outros dizem ou fazem, tudo o que você mesmo disse ou fez, e tudo o que o preocupa no futuro, tudo isso está associado ao corpo que o rodeia e a sua respiração, independentemente de sua vontade. Tudo isso gira em torno do turbilhão exterior que agita ao seu redor, de modo que seu poder mental, liberto do destino, pode existir por conta própria, puro e sem amarras, fazendo o que é justo, aceitando o que lhe acontece, e dizendo o que é verdade; se, como eu disse, você separar deste seu guia interior, tudo o que provém dos desejos, o tempo futuro e o tempo passado, se tornar, como Empédocles, "uma esfera redonda e perfeita regozijando-se na solidão que desfruta", e procurar apenas viver esta vida que você vive no presente, você será capaz de, pelo menos, viver o restante de tempo que há antes de sua morte com calma, benevolência e propício com sua divindade interior.

4. Muitas vezes me perguntei admirado como é que cada coisa ama a si

mesma mais do que qualquer outra coisa, mas classifica seu próprio julgamento inferior aos dos outros. Assim, então, se algum deus ou algum mestre sábio ordenasse a alguém que refletisse sobre seu próprio interior e externalizasse tudo que concebeu ou pensou, não toleraria isso nem por um único dia. É assim que temos mais respeito pelo que os outros pensarão de nós do que [o que pensaremos] nós mesmos.

5. Será que os deuses, que ordenaram todas as coisas tão bem e com tanto amor pelos homens, negligenciaram uma só coisa, ou seja, que alguns homens, os melhores deles – aqueles que haviam estabelecido, por assim dizer, o maior pacto com as divindades e alcançaram uma relação mais próxima com eles por meio de seus atos de devoção e seus sagrados cultos –, uma vez mortos, encontraram a extinção eterna em vez de algum retorno à existência? Sendo assim, tenha a certeza de que, se fosse diferente, os deuses o teriam feito de outro modo; porque, se assim tivesse sido justo, também seria possível, e se fosse conforme a natureza, a natureza

faria da mesma maneira. Portanto, o fato de que não é de outra forma – e de fato não é – deve assegurar a você que não deveria acontecer de outro modo. Você pode ver, por si mesmo, que, ao desejar que seja da sua maneira, você disputa com os deuses. Mas não dialogaríamos com os deuses se eles não fossem muito bons e justos; pois se assim fosse, eles não teriam deixado nenhuma parte de seu conjunto ordenado do mundo escapar deles por negligência da justiça ou da razão.

6. Pratique até mesmo o que você desistiu [de dominar]. Pois, por falta de prática, a mão esquerda é inábil para a maioria das tarefas, mas sustenta melhor a rédea do que a direita, pois foi habituada a isso.

7. Como deve estar, em corpo e alma, alguém surpreendido pela morte? A brevidade da vida; a imensidão do tempo futuro e passado; a fragilidade de toda matéria.

8. Contemple as causas despidas de suas aparências; e as finalidades das ações. O que é dor? O que é prazer? O que é a morte? O que é fama? Quem é a

causa de seu próprio sofrimento? Ninguém é prejudicado por outro; tudo é opinião.

9. É preciso ser semelhante ao lutador de pancrácio na aplicação de seus princípios, e não ao gladiador, porque este morre se deixa a espada que usa cair, mas aquele sempre tem as mãos e só precisa cerrá-las em punhos.

10. Ver as coisas em si mesmas, analisando sua matéria, sua causa e sua relação.

11. Quão grande liberdade tem o homem para fazer apenas o que o divino aprova e aceitar tudo o que o divino designa para ele em ordem com a natureza!

12. Não se deve repreender os deuses; pois não cometem nenhum erro voluntária ou involuntariamente. Tampouco repreender os homens; pois não cometem erros voluntariamente. Assim, não se deve repreender ninguém.

13. Quão ridículo e estranho é o homem que se admira por qualquer coisa que acontece na vida!

14. Ou uma necessidade do destino e uma ordem constante, ou uma providência acessível à piedade, ou uma confusão aleatória e sem direção. Se, pois, é uma necessidade constante, por que resistir a ela? Se uma providência admite o acesso à piedade, faça a si mesmo digno da ajuda divina. Se uma confusão aleatória e sem direção, alegre-se que em tal fluxo você tenha dentro de si uma mente que o guia. Se o fluxo o arrastar, deixe-o levar sua carne, sua respiração, tudo mais, pois não levará sua mente.

15. A luz de uma lamparina, até que seja apagada, brilha e não perde seu brilho. Será que a verdade, a justiça e a prudência que residem em você desaparecerão antes?

16. Ao ter a impressão de que alguém cometeu um erro, como sei que foi um erro? E se foi mesmo um erro, como posso saber se ele mesmo já não estava se condenando? E isso equivale a rasgar o próprio rosto. Não querer que o mal cometa um erro é como querer que a figueira não produza sumo em seus figos, que os recém-nascidos chorem, que o cavalo

relinche, ou qualquer outra coisa inevitável. O que mais se pode fazer com tal estado de espírito? Então, se você é de alma agitada, cuide dela.

17. Se não for apropriado, não faça; se não for verdade, não diga.

18. Em todas as ocasiões, ver sempre o que causa seu impulso e desenvolver o que exatamente é essa coisa que causa uma impressão em sua mente, analisando-a em causa, matéria, atribuição e duração no tempo, dentro do qual deverá ter seu fim.

19. Perceba, cada vez mais, que você tem em você mesmo algo mais poderoso e mais divino do que as paixões que fazem de você um mero fantoche. Qual pensamento está em minha mente agora? É medo? É suspeita? É desejo? Outra coisa semelhante?

20. Em primeiro lugar, que nada seja ao acaso ou sem finalidade. Em segundo lugar, não agir com intenção a outro fim que não seja o bem comum.

21. Que, em pouco tempo, você não será mais ninguém e em lugar nenhum; nem mesmo verá todas as coi-

sas que você vê agora, nem todas as pessoas que agora estão vivas. Pois todas as coisas nasceram para transformar-se, alterar-se e destruir-se, para que depois coisas diferentes surjam.

22. Que tudo é opinião e ela é controlada por você. Portanto, remova suas opiniões sempre que desejar e então haverá calmaria, tal como um marinheiro que contorna o mais alto ponto de uma tormenta e encontra águas calmas e um litoral sem ondas.

23. Qualquer atividade individual que chega ao fim no momento apropriado não sofre nenhum mal por ter cessado; tampouco quem executou a ação sofre qualquer dano simplesmente por esta ação particular ter cessado. Da mesma forma, então, se o conjunto de todas as ações que constituem a vida termina no momento apropriado, não se sofre nenhum dano pelo mero fato da cessação, também não sofre mal algum nem aquele que traz esse encadeamento de ações a um fim oportuno. O tempo e o prazo são atribuídos pela natureza. Às vezes pela própria natureza particular do ser, como na velhice, mas às

vezes pela natureza do todo, que por meio da constante mudança de suas partes constituintes mantém o mundo inteiro sempre jovem e fresco. Qualquer coisa que beneficie o todo é sempre bela e madura. Desse modo, para cada um de nós certamente não há mal na cessação da vida, assim como também não há vergonha, pois não é uma escolha própria e não é prejudicial ao interesse comum. Em vez disso, é um bem, pois é oportuno ao conjunto do todo, pois dá e recebe benefícios. Assim, aquele que segue de acordo com o divino tem sua escolha e sua direção o levando ao longo do próprio caminho de divino.

24. Três pensamentos para ter à mão. Primeiro: em tudo que você faz, que nada seja sem objetivo ou contrário à justiça; nos acontecimentos externos, pensa que acontecem por acaso ou por uma providência, e não se deve culpar o acaso ou repreender a providência. Segundo: pense em como é a natureza de cada um de nós, desde a concepção até o primeiro suspiro da alma, e desse primeiro suspiro até a devolução de nossa alma; quais elementos formam

nossa constituição e quais elementos serão o resultado de nossa dissolução. Terceiro: se você fosse repentinamente elevado aos ares e pudesse olhar para baixo e ver as coisas humanas em toda a sua variedade, você a desprezaria, porque você veria ao mesmo tempo a multidão de seres que povoam o ar e o céu; não importa quantas vezes você fosse elevado, você veria as mesmas coisas, repetidas e breves. Tais são os objetos da futilidade.

25. Abandone a opinião e será salvo. Quem, então, o impede de abandoná-la?

26. Quando você se incomoda com algo, você esquece que todas as coisas acontecem de acordo com a natureza do todo, e que qualquer malfeito recai sobre o outro; além disso, tudo o que acontece sempre foi assim, aconteceu e acontecerá e está acontecendo agora em toda parte; o que um ser humano tem se liga a toda raça humana, não por um vínculo de sangue ou nascimento, mas por meio de uma comunidade da mente. E você também se esquece de que a mente de todo homem é um deus e fluiu dessa fonte divina; que nada é

propriedade particular, mas até mesmo um filho, o corpo e a própria alma vieram dessa fonte divina; que tudo é opinião; e que cada um vive apenas o momento presente, e isso é o que se perde.

27. Reveja continuamente em sua mente aqueles que se indignaram em excesso por algum motivo, aqueles que alcançaram a plenitude da fama, ou dos desastres, ou dos ódios, ou de qualquer outro tipo de azar. Em seguida, pense: "Onde está tudo isso agora?". Fumaça, cinzas, um mito ou nem mesmo um mito. Lembre-se de todos esses casos: Fabius Catullinus, em sua casa de campo, Lucius Lupus, em seus jardins, Stertinius, em Bagos, Tibério, em Capri, Velius Rufus, e, em suma, qualquer obsessão combinada com presunção. Pense em quão inútil é todo esse esforço; e quão mais filosófico é usar a matéria que lhe foi dada para tornar a si mesmo alguém justo, prudente e obediente aos deuses. A vaidade que se orgulha de estar livre da modéstia é a mais difícil de suportar.

28. Aos que perguntam: "Pois onde você viu os deuses, ou de onde che-

gou à esta convicção de que existem, para venerá-los assim?". Primeiramente, eles são de fato visíveis aos nossos olhos. Além disso, também não vi minha própria alma, mas igualmente a honro. Portanto, o mesmo acontece com os deuses; por todas as minhas experiências de seu poder, repetidas vezes, tenho certeza de que eles existem e os reverencio.

29. A salvação da vida está em ver inteiramente cada coisa em si mesma, discernindo tanto sua matéria quanto sua causa. Em fazer o justo com toda a sua alma e em falar a verdade. O que resta, então, a não ser o desfrutar da vida, com uma sucessão de boas ações, até o ponto de não haver intervalo entre elas?

30. Uma só é a luz do sol, ainda que seu caminho seja interrompido por muros, montanhas, e inúmeros outros obstáculos. Uma só é a substância comum, ainda que dividida em inúmeras formas de corpos individuais. Uma só é a alma, ainda que dividida em inúmeras naturezas com individualidades específicas. Uma só é a alma inteligente, ainda que pareça

dividida. Bem, em todas as outras partes mencionadas, como a respiração e as coisas insensíveis, carecem de sensibilidade e não possuem afinidade direta uma com a outra; ainda assim, mesmo aqui um elo é formado por uma espécie de poder unificador e um peso de igual para igual. A inteligência possui a propriedade única de alcançar outras de sua própria espécie e se une a elas, de modo que o sentimento de comunidade não encontra impedimentos.

31. O que você pretende? Continuar vivendo? Perceber as sensações? Os instintos? Crescer? Cessar de novo? Usar sua voz? Sua mente? O que, em tudo isso, lhe parece um bom motivo para sentir falta? Mas se cada uma dessas coisas é desprezível, prossiga então para o objetivo final, que é seguir a razão e seguir o divino. Esforce-se para honrar essas outras coisas, com a preocupação de perder o restante para a morte.

32. Que pequena parte do tempo infinito foi atribuída a cada um de nós? Pois ela logo desaparece na eternidade. E que pequena parte do conjunto da substância? E do conjunto da alma? E em quão mi-

núsculo, no conjunto da terra, é o mero torrão sobre o qual você se rasteja? Considere tudo isso e imagine que nada importa, além de agir como sua própria natureza conduz e a aceitar o que a natureza comum carrega.

33. Como seu guia interior tira proveito de você mesmo? Pois é nisso que está toda a questão. Todo o resto, de sua escolha ou não, é cadáver e fumaça.

34. A coisa mais propícia para desprezar a morte é o fato de que aqueles que julgam o prazer um bem e a dor um mal desprezaram-na também.

35. Para aquele cujo único bem é o que lhe é oportuno, e para aquele que está igualmente satisfeito em executar muitas ações ou poucas de acordo com a razão, e para aquele que não se importa em olhar para este mundo por mais ou menos tempo, para esses, a morte não é nada temível.

36. Homem, você viveu como cidadão nesta grande cidade! O que lhe im-

porta, se foram cinco ou três anos? As leis da cidade se aplicam igualmente a todos. Então, o que há de terrível em se afastar da cidade, se não é um tirano ou juiz corrupto que o afasta, mas a mesma natureza que o fez aparecer? É como se o chefe de exército convocasse um ator cômico, dispensando-o do palco. "Mas eu não representei meus cinco atos, apenas três". "Falou bem, mas na vida três atos podem ser uma peça inteira". Pois o fim é determinado por aquele ser que antes causou a sua composição e agora causa a sua dissolução; você não é responsável nem por uma coisa nem por outra. Então vá em paz, pois aquele que o deixa ir está também em paz.

Conecte-se conosco:

f facebook.com/editoravozes

◎ @editoravozes

🐦 @editora_vozes

▶ youtube.com/editoravozes

🟢 +55 24 2233-9033

www.vozes.com.br

Conheça nossas lojas:

www.livrariavozes.com.br

Belo Horizonte – Brasília – Campinas – Cuiabá – Curitiba
Fortaleza – Juiz de Fora – Petrópolis – Recife – São Paulo

EDITORA VOZES LTDA.
Rua Frei Luís, 100 – Centro – Cep 25689-900 – Petrópolis, RJ
Tel.: (24) 2233-9000 – E-mail: vendas@vozes.com.br